Matemática para Empreendedores

James Teixeira

2ª E

www.dvseditora.com.br
São Paulo, 2012

Matemática para Empreendedores

James Teixeira

www.dvseditora.com.br
São Paulo, 2012

Matemática para Empreendedores
2ª Edição 2012
Copyright© DVS Editora 2004
Todos os direitos para a língua portuguesa reservados pela editora.

Nenhuma parte dessa publicação poderá ser reproduzida, guardada pelo sistema *retrieval* ou transmitida de qualquer modo ou por qualquer outro meio, seja este eletrônico, mecânico, de fotocópia, de gravação, ou outros, sem prévia autorização, por escrito, da editora

Revisão: Ivone Andrade e Márcia Elisa Rodrigues

ISBN: 978-85-88329-14-0

Endereço para correspondência com o autor:
jteixeira@faap.br

Dados Internacionais de Catalogação na Pubicação (CIP)
(Câmara Brasileira do Livro, SP, Brasil)

Teixeira, James
Matemática para empreendedores / James Teixeira. —
São Paulo : DVS Editora, 2004.

1. Empreendimentos   2. Matemática financeira   I.
Título.

04-7006	CDD-510.24338

Índices para catálogo sistemático:
1. Matemática para empreendedores   510.24338

Dedico este livro ao meu pai Jayme (em memória), como reconhecimento, e ao meu filho Christiano, como incentivo.

AGRADECIMENTOS

Quando surgiu o convite para escrever este livro, fui tomado por forte sensação de euforia. Creio que isso se deva à minha verdadeira paixão pelo mundo dos números. Tentar descrever situações através de equações, teoremas ou da linguagem misteriosa das letras gregas é uma experiência fascinante, pessoal e única.

Aprendi que para um livro ser escrito são necessários, além do apoio de muitas pessoas, mais quatro atributos: ter **conhecimento** sobre o que se pretende escrever; uma certa dose de **criatividade** para expressar as idéias e os exemplos, para dar-lhes conotação didática; uma relativa **competência** para dar estrutura e lógica aos assuntos abordados; e, acima de tudo, **amizade** com muitas pessoas, pois são elas que nos ajudam durante todo o processo de criação dos textos, criticando-os e trazendo valiosas contribuições. Assim sendo, confesso que busquei essas qualidades através do exemplo de algumas pessoas, às quais gostaria de externar minha gratidão: ao **Prof. Scipione Di Pierro Netto**, mestre do conhecimento da matemática, ao **Prof. Victor Mirshawka**, mestre da criatividade, ao **Prof. Arthur Marega**, mestre da competência, e ao grande *"irmão camarada"* **José J. Bettio**, mestre na arte de fazer amigos.

Agradeço à minha mãe **Nair**, pelo exemplo de abnegação, e à **Lourdes**, pelo companheirismo incondicional.

Finalmente, agradeço, no silêncio de uma prece, carinhosamente, ao **Tio Doca**, pelo exemplo de retidão, e ao **Grande Arquiteto do Universo**, pela proteção.

ÍNDICE

CAPÍTULO 1 – O Empreendedor e a Análise de Projetos 1

1.1 Introdução 2

1.2 O Processo de Iniciar e Gerir Empreendimentos 3

1.3 O Empreendimento Visto e Entendido como um Projeto de Investimento 4

1.4 Necessidade de Investimentos e Implantação do Projeto 6

1.5 Fases de um Projeto 7

1.6 Ótica Empreendedorial de um Projeto 8

    1.6.1 Aspectos Econômicos 9

    1.6.2 Aspectos Técnicos 10

    1.6.3 Aspectos Financeiros 10

    1.6.4 Aspectos Administrativos 12

    1.6.5 Aspectos Jurídicos e Legais 12

    1.6.6 Aspectos do Meio Ambiente 12

    1.6.7 Aspectos Contábeis 13

1.7 Análise da Origem do Risco em Projetos de Investimento 14

1.8 Considerações Finais 15

CAPÍTULO 2 – Os Principais Conceitos de Matemática Financeira – Modelos Determinísticos 17

2.1 Introdução 18

2.2 Fluxo de Caixa 18

2.3 Juros e Taxa de Juros 19

2.4 Regimes de Capitalização 20

    2.4.1 Regime de Capitalização Descontínua 20

        2.4.1.1 Regime de Capitalização Simples 21

x ▼ Matemática para Empreendedores

2.4.1.2 Regime de Capitalização Composta 23
2.4.1.3 Apuração de Juros 25
2.4.1.4 Ponto de Equivalência 26
2.4.1.5 Taxa de Juros Equivalentes na Capitalização Composta 28
2.4.1.6 Taxa de Juros Nominal e Taxa Efetiva 29
2.4.1.7 Metodologia para Descapitalização 32
2.4.2 Regime de Capitalização Contínua 33
2.5 Considerações Finais 34

CAPÍTULO 3 – Modelagem Matemática Aplicada aos Financiamentos 35

3.1 Introdução 36
3.2 Série Uniforme de Prestações Periódicas 36
3.3 Série Uniforme de Prestações Periódicas Postecipadas 37
    3.3.1 Valor Presente da Série Periódica Postecipada (P_p) 37
    3.3.2 Valor Futuro da Série Periódica Postecipada (Fp) 41
    3.3.3 Perpetuidades 43
3.4 Série Uniforme de Prestações Periódicas Antecipadas 43
    3.4.1 Valor Presente da Série Periódica Antecipada (P_a) 44
    3.4.2 Valor Futuro da Série Periódica Antecipada (F_a) 45
3.5 Série Uniforme de Prestações Periódicas Diferidas 47
    3.5.1 Valor Presente da Série Periódica Diferida (P_d) 47
    3.5.2 Valor Futuro da Série Diferida (F_d) 49
3.6 Série Uniforme de Prestações Periódicas com Parcelas Adicionais 49
3.7 Sistemas de Amortização de Empréstimos 51
    3.7.1 Sistema de Amortização Constante (SAC) 52
    3.7.2 Sistema de Amortização Francês (SAF) 54
    3.7.3 Sistema de Amortização Constante (SAC) X Sistema de Amortização Francês (SAF) 55
3.8 Considerações Finais 59

CAPÍTULO 4 – Ferramentas Estatísticas Necessárias ao Empreendedor 61

4.1 Introdução 62
4.2 Definições 62
4.3 Medidas de Tendência Central: Média, Mediana e Moda 64

4.3.1 Média Aritmética Simples 64

4.3.2 Média Aritmética Ponderada 65

4.3.3 Mediana 66

4.3.4 Moda 67

4.4 Medidas de Dispersão: Variância e Desvio-padrão 68

4.4.1 Variância 68

4.4.2 Desvio-Padrão 69

4.4.3 Coeficiente de Variação 70

4.5 Teoria Elementar da Probabilidade 71

4.5.1 Introdução 71

4.5.2 Caracterização de um Experimento Aleatório 72

4.5.3 Espaço Amostral 72

4.5.4 Evento 73

4.5.5 Calculando Probabilidades 73

4.5.6 Variáveis Aleatórias 75

4.5.7 Distribuição Discreta de Probabilidades 77

4.5.7.1 Esperança Matemática 78

4.5.7.2 Variância 80

4.5.7.3 Desvio-padrão 82

4.5.8 Distribuição Contínua de Probabilidades (Distribuição Normal) 82

4.5.8.1 Distribuição Uniforme 83

4.5.8.2 Distribuição Normal Padronizada 85

4.5.8.3 Distribuição Normal Não Padronizada 87

4.6 Considerações Finais 91

CAPÍTULO 5 – Mensurando Risco e Retorno nos Empreendimentos 93

5.1 Introdução 94

5.2 Conceito de Risco 94

5.3 Risco Definido como uma Probabilidade 95

5.4 Risco Definido como Desvio-padrão 96

5.5 Efeito do Risco sobre a Taxa de Juros 99

5.5.1 Tipos de Risco 99

5.5.2 Fórmula de Fisher 101

5.6 O Modelo de Markowitz 104

5.6.1 Covariância e Correlação 104

xii ▼ Matemática para Empreendedores

5.7   O Modelo de Formação de Preços de Ativos de Capital (CAPM) 105
      5.7.1 Coeficiente Beta (b) 107
5.8   Cenários e Probabilidades 108
5.9   Considerações Finais 109

CAPÍTULO 6 – Analisando Fluxos de Caixa dos Negócios 111

6.1   Introdução 112
6.2   Alguns Pressupostos Importantes 113
6.3   Taxa Mínima de Atratividade (TMA) 114
6.4   Métodos de Análise de Investimentos 115
      6.4.1 Método do Valor Presente Líquido (VPL) 115
            6.4.1.1 Critério do VPL para projetos de mesma duração (vidas úteis iguais) 116
            6.4.1.2 Critério do VPL para projetos com durações diferentes (vidas úteis desiguais) 117
      6.4.2 Método do Índice de Lucratividade (IL) 119
      6.4.3 Método da Taxa Interna de Retorno (TIR) 120
      6.4.4 Método do Custo Anual (PMT) 123
6.5   Considerações Finais 125

CAPÍTULO 7 – Aplicação da Teoria: Estudo de Caso 127

7.1   Introdução 128
7.2   O Contexto Empreendedorial 128
7.3   O Investimento e as Premissas Adotadas 128
7.4   Fluxos de Caixa Projetados 132
7.5   Avaliação do Investimento em Condições de Incerteza 148
7.6   Análise Estatística dos Resultados 151
      7.6.1 Cenário Otimista 155
      7.6.2 Cenário Atual 157
      7.6.3 Cenário Pessimista 158
      7.6.4 Cenários Heterodoxos 158
7.7   Considerações Finais 158

CAPÍTULO 8 – Epílogo 161

Bibliografia 163

Capítulo 1

O EMPREENDEDOR E A ANÁLISE DE PROJETOS

Objetivos do Capítulo

➤ *Refletir sobre a necessidade de desenvolver competências nos âmbitos administrativo, econômico, financeiro e contábil para otimizar a função empreendedorial.*

➤ *Apresentar as diversas fases de um projeto econômico no processo de transformação em negócio.*

➤ *Analisar os vários aspectos necessários a um projeto de empreendimento.*

1.1 Introdução

Este capítulo pretende dar início à discussão quanto ao empreendimento e à análise de projetos, a qual se estenderá ao longo dos capítulos subseqüentes, com o objetivo de levar o leitor a refletir sobre a necessidade que o empreendedor deve ter para desenvolver competências que o levem à sua capacitação técnica. Isso implicará a melhoria da eficiência e da eficácia do processo gerencial inerente à condução dos negócios. Acreditamos que, se o empreendedor estiver preparado e souber utilizar as ferramentas matemático-estatísticas apresentadas e discutidas ao longo deste livro, a probabilidade de fracasso do negócio poderá ser minimizada. Pode-se constatar isso não só por meio do acesso aos relatos dessas experiências como também com a convivência com aqueles empreendedores que não lograram obter sucesso no negócio e com aqueles que o tiveram.

Algumas pessoas já nascem com maior aptidão para o exercício da função empreendedorial; outras não têm tantos talentos inatos. Isso não quer dizer, no entanto, que não possam aprendê-los, assimilá-los e aplicá-los. Esse processo de desenvolvimento é fundamental para toda pessoa que almeja implantar e gerir um negócio.

Dentro desse enfoque e tendo como pano de fundo a questão do preparo do empreendedor, reforçamos a necessidade do aprimoramento das competências que levem ao pleno exercício de empreender, exercício este que passa por ações como tomar iniciativa ou buscar soluções inovadoras e criativas para solução de problemas econômicos, sociais ou pessoais, à luz de empreendimentos revestidos de sucesso, alcançado pela capacitação e pelo conhecimento.

1.2 O Processo de Iniciar e Gerir Empreendimentos

Dando início à discussão do processo de gerenciamento de empreendimentos, o qual pode ser entendido como o conjunto de conceitos, métodos, instrumentos e práticas relacionadas a criação, implantação e gestão de novas empresas ou organizações, é importante e necessário refletirmos sobre o significado de empreender. Observamos que a semântica da palavra empreendedorismo está vinculada à idéia de tentativa. A figura do empreendedor está associada àquelas pessoas despojadas de temor, arrojadas, audaciosas, inovadoras, que tomam iniciativa e assumem riscos.

Ao falar em empreendedorismo, percebemos que não há unicidade em relação à sua definição. Algumas definições, por exemplo, aplicam o termo à criação de novas empresas. Outras focalizam as intenções, associando o termo a empreendedores que procuram criar fortunas, o que é diferente de abrir empresas simplesmente como um meio de substituição de renda, trabalhando por conta própria em vez de trabalhar para os outros.

Existe também uma tendência em associar empreendedorismo a um processo em que a pessoa ou grupo de pessoas arrisca tempo e dinheiro em busca de oportunidades para criar valor e crescer por meio da inovação. As pessoas buscam oportunidades para expandir um negócio mediante mudança, revolução, transformação ou introdução de novos produtos ou serviços.

Muitos acreditam que atividades empreendedoras e pequenas empresas são a mesma coisa, mas isso não é verdade. Empreendedores devem criar iniciativas empreendedoras caracterizadas por práticas inovadoras e ter o crescimento e a rentabilidade como objetivos fundamentais.

Uma pequena empresa caracteriza-se por ser uma propriedade privada com pouco menos de quinhentos funcionários; não necessariamente se envolve em qualquer prática nova e inovadora.

4 ▼ Matemática para Empreendedores

Ressalte-se que uma pequena empresa não é necessariamente empreendedora por ser pequena. Ser empreendedor significa ser inovador, buscando e criando oportunidades em novos mercados ou mesmo em outros teoricamente exauridos do ponto de vista de novos negócios.

1.3 O Empreendimento Visto e Entendido como um Projeto de Investimento

Quando alguém decide abrir um negócio, vem à tona a seguinte questão: o que está envolvido no processo empreendedorial?

As pessoas precisam ter em mente, quando dão início às suas iniciativas empreendedoras, que se faz necessária a exploração do contexto empreendedorial. Esse contexto contempla as realidades da economia globalizada, as leis e os regulamentos da sociedade que compõem o ambiente legal, as relações do mercado de trabalho em constante mudança, entre outras. O exame de cada um desses aspectos dará ao empreendedor a clara visão do mercado, na medida em que são eles que determinam as "regras do jogo" e quais decisões e ações mais provavelmente propiciarão o sucesso. Também é possível, por meio da leitura e da interpretação do contexto empreendedorial, que as pessoas possam identificar as oportunidades e os riscos envolvidos, bem como as vantagens competitivas inerentes ao mercado no qual se pretende abrigar o negócio. Assim sendo, a próxima etapa no processo é dar início às atividades. Para tanto, é necessário dar ao empreendimento a conotação de um projeto financeiro.

Um dos aspectos mais relevantes do empreendedorismo é a busca de novas oportunidades de negócio. No momento da escolha entre as alternativas de investimento, há aquelas que são contempladas e as que são eliminadas, estas últimas são as que menores ganhos apresentam em relação às selecionadas ou as que demonstram ser inacessíveis devido à insuficiência de recursos.

Desse modo, para cada opção feita, haverá o sacrifício das demais alternativas também desejáveis e que seriam realizadas se houvesse abundância de recursos disponíveis. Isso equivale a dizer que para auferir resultados dos projetos selecionados haverá, além dos custos a eles inerentes, os custos de não realizar os projetos preteridos, que, no campo estatístico, chamamos de eventos excludentes. Discutiremos com maior profundidade os conceitos estatísticos e suas aplicações aos negócios no Capítulo 4.

O empreendedor deve ter consciência de que o processo de tomada de decisão pode, muitas vezes, apresentar complexidade de toda ordem. No entanto, independentemente das variáveis inerentes à decisão, esta deve revestir-se de certa segurança. Para tanto, cabe ao empreendedor assumir uma postura analítica e racional acerca da coleta de informações relevantes para o processo decisório e confiança na análise dessas informações e de seus impactos sobre a escolha.

Algumas decisões podem e devem ser tomadas rapidamente, sem a necessidade de utilizar métodos estruturados para apoiá-las. Para justificar a utilização de métodos de análise de investimentos, as situações analisadas deverão satisfazer as seguintes exigências:

➡ ser importante para justificar o esforço de utilizar um método estruturado;

➡ a decisão não deve ser óbvia, havendo a necessidade de organizar o problema;

➡ o aspecto econômico deve ser significativo e influenciar a decisão.

Deve-se ter em mente que um projeto financeiro implica a análise de alternativas de investimento. De nada adiantará uma boa técnica de análise de alternativas se estas não forem adequadamente geradas.

Em última análise, sob a ótica do empreendedor, o projeto deve ser interpretado como um conjunto de informações exógenas ou endógenas ao negócio, devidamente coletadas e processadas, tendo

6 ▼ Matemática para Empreendedores

como objetivo o estudo e, eventualmente, a implementação de uma decisão de investimento. Nessas condições, o projeto não se confunde com as informações. O empreendimento deve ser interpretado como um modelo que, incorporando informações qualitativas e quantitativas, procura simular a decisão de investir e suas implicações.

Ao finalizar as considerações introdutórias, não podemos perder de vista o fato de que, na atual conjuntura econômica, as decisões tomadas pelo empreendedor, principalmente as de caráter financeiro, sofrem os efeitos do fenômeno da globalização. O fato inexorável de que os mercados financeiros se tornaram crescentemente integrados e voláteis contribuem para que o ambiente no qual ocorre o processo de tomada de decisão seja cada vez mais sujeito ao risco e à incerteza.

1.4 Necessidade de Investimentos e Implantação do Projeto

Os investimentos aplicados a determinado negócio geram profundas influências sobre seus lucros, riscos e crescimento. Investir significa planejar o desenvolvimento futuro, evitar o sucateamento das máquinas e equipamentos, elevar a produtividade dos processos e métodos de trabalho e aumentar a competitividade.

Em um mundo globalizado, o empreendedor que não investir correrá um grande risco de perder, muitas vezes de maneira irreversível, sua participação no mercado. Os investimentos podem ter finalidades de diversas naturezas, pode significar dar início a um empreendimento novo, modernizar um empreendimento antigo, adquirir máquinas para produzir um novo produto, realizar, enfim, algo inteiramente novo ou modificar algo já existente para produzir maiores ganhos ou diminuir custos, aumentando desse modo os resultados e o valor do negócio. A escassez de recursos é um empecilho para a realização de investimentos, uma vez que não se pode realizar todos os projetos necessários ou mesmo desejáveis. Os principais métodos para apurar qual a melhor alternativa de investimento, do ponto de vista econômico, serão apresentadas no Capítulo 6.

É em vista dessa escassez de recursos próprios ou de terceiros que se torna pertinente enfocar a questão da escolha entre fontes de financiamento, visto que cada uma tem um preço ou um custo de oportunidade.

A captação de recursos de terceiros é mais vantajosa quando o preço a ser pago por empréstimos é menor que o retorno esperado e quando o preço a ser pago é inferior ao custo de oportunidade do capital próprio.

Sendo assim, a decisão final em relação à implantação propriamente dita do projeto deverá levar em consideração os seguintes critérios:

➡ **Econômicos:** rentabilidade do investimento.

➡ **Financeiros:** disponibilidade de recursos.

➡ **Intangíveis:** fatores que não podem ser mensurados monetariamente.

Vê-se, portanto, que a análise econômico-financeira pode não ser suficiente para a tomada de decisão.

Para a análise global do investimento, pode ser necessário considerar fatores não quantificáveis, como restrições ou os próprios objetivos e políticas gerais do negócio, por meio de regras de decisão explícitas ou intuitivas.

1.5 Fases de um Projeto

A técnica de projetar desenvolve-se em uma série de aproximações sucessivas decorrentes de diversas análises isoladas ou interdependentes. Percebe-se, nessa evolução, que os esforços coordenados de elaboração de um projeto passam por etapas, tais como a seleção do que projetar, a preparação de pré-estudos e de anteprojetos preliminares, a preparação do projeto final, caso os resultados prévios assim o recomendem, e, finalmente, a concretização física do empreendimento.

A primeira etapa é o ponto de partida para o início da escolha de quais empreendimentos poderiam ser implementados. Resulta de uma predisposição privada ou de uma obediência às diretrizes predeterminadas pelo empreendedor ou pelo grupo de empreendedores.

A segunda etapa abrange pré-estudos, análises, estudos de viabilidade do empreendimento, inclusive com anteprojeto técnico, realizados para a avaliação dos benefícios que aconselhem (ou contra-indiquem) a sua realização.

A terceira etapa constitui uma fase intermediária. Na verdade, representa um detalhamento da segunda etapa, de modo que a realização do projeto se baseie em informes mais apurados. Evidentemente essa etapa só será realizada se os resultados dos pré-estudos assim o recomendarem.

A concretização física do empreendimento nada mais é do que a materialização das informações que consubstanciam o projeto. Podemos subdividir essa última etapa em: fase de construção do empreendimento, fase de colocação em funcionamento provisório e inicial das instalações e fase de funcionamento normal, após a adaptação inicial e quando forem atingidas as metas preestabelecidas.

1.6 Ótica Empreendedorial de um Projeto

Ao analisarmos um empreendimento, não podemos perder de vista os aspectos mais relevantes e mais freqüentemente encontrados em uma alternativa de investimento. Ressaltamos a importância dessa análise, haja vista sua potencialidade contributiva relativa à predição de sucesso do negócio. Discorremos a seguir algumas delas.

1.6.1 Aspectos Econômicos

Os aspectos econômicos podem ser divididos em:

a) mercado;

b) localização;

c) escala de produção.

Vejamos cada um deles.

a) **Mercado**

Muitas vezes, a oportunidade de investimento surge em virtude da análise de mercado. De qualquer modo, são os elementos fornecidos pela análise de mercado que determinarão muitas das características do projeto. Quantidade demandada, preço de venda, canais de distribuição, formação de estoques nestes canais, política de descontos etc. tornam a análise de mercado um dos primeiros aspectos a serem considerados no projeto.

b) **Localização**

O passo seguinte é procurar o local ideal para situar a alternativa de investimento em pauta. A escolha da localização dependerá de diversos fatores, como, por exemplo, o mercado, a escala pretendida, as considerações técnicas, entre outros. Além disso, será muito importante analisar a disponibilidade local dos diversos bens de produção intermediários, tais como a mão-de-obra, a energia, as matérias-primas etc. Deve-se, ainda, atentar para as condições ambientais, como necessidade de controle de poluição, restrições ao uso da terra, clima, resistência do solo etc.

c) **Escala de produção**

A escala de produção vai depender, entre outros fatores, do estudo do mercado, da localização e dos aspectos técnicos. A existência de economias de escala pode ser um aspecto determinante na escolha da capacidade de produção. Pode ser também que considerações de engenharia do projeto e/ou o desenvolvimento esperado da tecnologia venham a influir bastante na seleção do porte do empreendimento, o que será muito importante em setores e/ou processos cuja tecnologia de produção ainda não se encontre madura.

1.6.2 Aspectos Técnicos

Os aspectos técnicos envolvem as considerações referentes à seleção entre os diversos processos de produção, à engenharia do projeto, ao arranjo físico dos equipamentos, entre outros.

Pode ser que os processos de produção se apresentem em alternativas claramente definidas e com tecnologias maduras, isto é, sem que haja previsão de grandes mudanças tecnológicas em médio prazo. Nesses casos, freqüentemente, já existe certo consenso sobre qual seja a melhor opção de tecnologia, de processo e de fornecedor dos equipamentos.

Por outro lado, o projeto de investimento que se está estudando pode pertencer a uma área que passa por um processo de desenvolvimento tecnológico acelerado, implicando, dessa maneira, obsolescência de tecnologia, equipamentos e processos. Pode ser, também, que a opção tecnológica não seja tão clara e que não exista consenso sobre qual seja a melhor alternativa para processos e/ou para os fornecedores de equipamentos. Nessas condições, será necessário complementar a análise do projeto com análises de avaliação e previsão tecnológica, para que presumivelmente se possa selecionar a melhor opção.

1.6.3 Aspectos Financeiros

Os aspectos financeiros podem ser divididos em:

a) composição do capital;
b) financiamentos;
c) capital de giro.

Vejamos cada um deles.

a) Composição do capital

Nesse aspecto são analisadas as diferentes opções que existem para compor o capital a ser investido no projeto. Simplificadamente, o que se procura é determinar a composição do capital próprio e de terceiros.

A restituição e/ou remuneração do capital alheio deverá ser levada em conta nas projeções. Por seu lado, o custo da remuneração das diversas fontes, ou seja, o custo do capital, é um elemento importante a ser considerado na análise do projeto.

O binômio capital próprio versus capital de terceiros e suas implicações na estrutura de capital dos empreendimentos será mostrado no Capítulo 7 deste livro através do WACC (custo médio ponderado de capital).

b) Financiamentos

Nesta parte são analisadas as alternativas de empréstimo. Procura-se determinar entre as fontes de empréstimo disponíveis aquelas que apresentem maior conveniência e/ou otimizem a rentabilidade do projeto.

O volume de capital emprestado, em geral, é um aspecto de grande relevância para determinar o total de investimento a ser feito em certo projeto. O mesmo pode ser dito com relação ao cronograma de desembolsos dos recursos, ou seja, o próprio prazo de implantação de determinado projeto.

c) Capital de giro

A análise financeira das fontes e aplicações do dinheiro em giro permitirá que se determine o capital de giro próprio. Este, sendo um investimento a ser feito, deverá ser incluído nos desembolsos do projeto.

1.6.4 Aspectos Administrativos

Os aspectos administrativos dizem respeito à estrutura organizacional que será necessária para a implantação e a operação do negócio. O custo das estruturas será alocado ao projeto do custo operacional e ao custo de implantação, e este poderá ser amortizado por ocasião da operação do empreendimento. Outro aspecto importante é o treinamento das pessoas que vão compor os quadros de implantação do projeto já na fase de operação.

1.6.5 Aspectos Jurídicos e Legais

Os aspectos jurídicos tendem a apresentar uma relação indireta com o empreendimento. É o que ocorre, por exemplo, com a forma societária da empresa: seu tipo, quais são os sócios e qual a participação de cada um, o registro na Junta Comercial etc. Ressalte-se que os aspectos legais estão intimamente relacionados às exigências legais e aos incentivos fornecidos pelos governos federal, estadual e municipal.

Nessas categorias enquadram-se os impostos, os incentivos fiscais para exportação ou para investimento em áreas incentivadas, os incentivos estaduais e/ou municipais para favorecer a instalação em determinado local e outros empreendimentos predeterminados que sejam de interesse estratégico.

1.6.6 Aspectos do Meio Ambiente

Do ponto de vista do meio ambiente, já são antigos os problemas associados à sua degradação, ocorrida por conta da população, dos órgãos públicos e das empresas privadas.

Atualmente, já existe certo consenso de que não se pode crescer a qualquer custo, provocando, com isso, uma deterioração irreversível do meio ambiente. Sendo assim, torna-se cada vez mais importante incorporar esses problemas na análise do projeto, em seus aspectos positivos e negativos.

No que tange aos aspectos positivos, devem ser consideradas as chamadas economias externas decorrentes do projeto, tais como nível de emprego, treinamento dado aos empregados, construções de escolas e creches, desenvolvimento de comunidades onde se instala o empreendimento etc.

No que diz respeito aos aspectos negativos, podemos citar os seguintes impactos: poluição em relação ao ar, à água, ao solo, à acústica etc. A degradação ecológica e a periculosidade para os próprios empregados e para a comunidade como um todo também podem ser citadas.

1.6.7 Aspectos Contábeis

Os aspectos de caráter contábil estão relacionados com a metodologia de elaboração dos cronogramas financeiros e das projeções. Estão relacionados também com a estrutura contábil da empresa, tais como o plano de contas, a escrituração dos livros e os instrumentos para controle durante a fase de implantação e operação.

Todo empreendedor deve preocupar-se com o perfeito entendimento dos demonstrativos financeiros. A contabilidade fornece vários mecanismos que auxiliam o processo de decisão. Além do balanço patrimonial, podemos citar o Demonstrativo de Resultado do Exercício (DRE), que mostra o resultado (lucro ou prejuízo) do período.

O DRE é um resumo ordenado das receitas e das despesas da empresa em determinado período (12 meses). É apresentado de maneira dedutiva (vertical), ou seja, das receitas subtraem-se as despesas e, em seguida, indica-se o resultado (lucro ou prejuízo). A aplicabilidade do DRE será ilustrada no Capítulo 7 deste livro, quando apresentaremos um Estudo de Caso, em que a teoria será posta em prática. Para efeito ilustrativo, apresentamos o modelo do Demonstrativo de Resultado do Exercício:

RECEITA OPERACIONAL BRUTA

(–) Impostos incidentes sobre vendas

RECEITA OPERACIONAL LÍQUIDA

(–) Custos dos produtos vendidos

(=) **LUCRO BRUTO**
(–) **DESPESAS OPERACIONAIS**

Vendas

Gerais

Administrativas

Honorários da administração

Receitas/(Despesas) financeiras líquidas

(=) **LUCRO OPERACIONAL**

Resultado não operacional

(=) **LUCRO ANTES da CS e do IR**

(–) Imposto de renda

(–) Contribuição social

(=) **LUCRO LÍQUIDO DO EXERCÍCIO**

1.7 Análise da Origem do Risco em Projetos de Investimento

A principal fonte de risco nos projetos de investimento é o fato de que o volume de informação envolvido é muito grande e os valores são projetados no futuro.

Sendo assim, pode-se inferir que a análise do projeto é feita sobre uma base duplamente variável: os dados coletados e processados, em sua grande maioria, são estimativas de projeções, e o futuro, provavelmente, não se comportará de acordo com as projeções.

Com relação às informações do projeto, pode-se dizer que existem duas classes de risco: a referente aos fatores internos ao projeto, em geral sujeita a um controle parcial, e a externa, sobre a qual não se tem controle.

Existe uma nomenclatura própria quando falamos sobre classes de risco. Do ponto de vista conceitual, podemos chamar de *fontes endógenas* de risco os fatores internos do empreendimento e de *fontes exógenas* de risco os fatores sobre os quais não se tem controle.

Basicamente, as fontes endógenas de risco são aquelas associadas a estimativas, hipóteses ou postulados internos adotados. Sobre esses valores é possível ao empreendedor exercer maior grau de controle, tais como volume do investimento, custo de produção, eficiência na operação, custo dos financiamentos, custo da estrutura administrativa, entre outros.

As fontes exógenas de risco são aquelas sobre as quais se tem pouco ou nenhum controle. Em geral, estão associadas às estimativas ou às hipóteses externas ao negócio, tais como a situação econômica geral no país e no exterior, a situação econômica do setor, o ritmo de mudanças tecnológicas, as preferências dos consumidores, a taxa de variação diferencial nos preços dos fatores, ou seja, a taxa de inflação relativa aos preços de matérias-primas, mão-de-obra e demais custos operacionais.

Dada a relevância do tema risco, destinamos o Capítulo 5 especificamente para tratar da sua influência nos empreendimentos.

1.8 Considerações Finais

Este primeiro capítulo dedicou-se à reflexão sobre os vários fatores a serem considerados quando se pretende abrir um negócio. Vimos que devemos nos preparar, sob diversos aspectos, para o pleno exercício da função empreendedorial.

Dentro do contexto do desenvolvimento de competências pessoais, cabe ressaltar que o domínio dos cálculos inerentes à Matemática Financeira é fundamental para aquelas pessoas que desejam ter sucesso em relação aos seus empreendimentos. Em razão disso, passamos a examinar seus principais postulados, que serão apresentados no próximo capítulo.

Capítulo 2

OS PRINCIPAIS CONCEITOS DE MATEMÁTICA FINANCEIRA – MODELOS DETERMINÍSTICOS

Objetivos do Capítulo

➤ *Apresentar os principais conceitos e fundamentos da Matemática Financeira.*

➤ *Demonstrar os recursos da Matemática Financeira como ferramenta para a solução de situações que envolvam decisões financeiras.*

➤ *Capacitar empreendedores e profissionais liberais que visem à reciclagem técnica nas questões matemático-financeiras.*

2.1 Introdução

Neste capítulo, apresentaremos os princípios que fundamentam e compõem a Matemática Financeira, principalmente no que diz respeito aos seus principais modelos determinísticos de capitalização. É importante o pleno domínio dos cálculos financeiros por parte daquele que necessita operar no mercado, tanto em nível de captação como em aplicação de recursos, haja vista que qualquer empreendimento demanda tal necessidade.

2.2 Fluxo de Caixa

O estudo da Matemática Financeira é desenvolvido através do seguinte raciocínio: ao longo do tempo existem entradas de dinheiro, chamadas receitas, e saídas de dinheiro, chamadas desembolsos, nos caixas das empresas e nas finanças das pessoas. Essa circulação de valores é denominada, em seu conjunto, fluxo de caixa.

Para dar conotação visual ao fluxo de caixa, comumente o representamos por meio do seguinte diagrama:

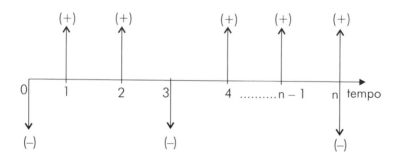

As receitas são indicadas com setas voltadas para cima seguidas do sinal positivo (+) e os desembolsos são indicados com setas voltadas para baixo seguidas do sinal negativo (–). Ressalte-se que as setas do fluxo de caixa não são necessariamente proporcionais em relação aos valores envolvidos na operação. O eixo horizontal repre-

Os Principais Conceitos de Matemática Financeira ▼ **19**

senta a linha do tempo iniciada a partir de uma data inicial denominada data zero.

Os fluxos de caixa podem ser subdivididos em três categorias: fluxos operacionais, fluxos de investimento e fluxos de financiamento.

➡ **Fluxos operacionais:** são os fluxos de caixa do empreendimento que estão diretamente relacionados a produção e venda dos produtos e serviços. Têm como característica principal a preocupação em captar a demonstração do resultado e as transações das contas circulantes.

➡ **Fluxos de investimento:** caracterizam-se pela sua vinculação em relação a compra e venda de ativos imobilizados e participações societárias.

➡ **Fluxos de financiamento:** caracterizam-se pelo resultado de operações de empréstimo e capital próprio. Note-se que a entrada ou saída de caixa ocorrerá à medida que a empresa estiver tomando ou quitando empréstimos, tanto de curto quanto de longo prazos.

2.3 Juros e Taxa de Juros

De acordo com a renda que as pessoas recebem no presente e o que esperam receber no futuro, elas podem se dispor a poupar no presente para consumo futuro.

Por outro lado, há pessoas que preferem consumir mais do que suas rendas no presente, podendo, dessa forma, comprometer seu consumo futuro. Além disso, os empreendimentos podem também demandar fundos no presente para elaboração de projetos que trarão retornos no futuro.

Assim, existe uma demanda por crédito, suprida pela oferta de fundos, decorrente do que os poupadores se propõem a emprestar. O preço desse crédito é chamado *juro*. A quantia monetária que é transacionada chama-se *capital* ou *principal*.

Chama-se *taxa de juro* ao valor do juro em uma dada unidade de tempo, expresso como porcentagem do capital. Apresentamos dois conceitos de juros:

- ➡ dinheiro pago pelo uso do dinheiro emprestado, ou seja, custo do capital de terceiros colocado à nossa disposição;

- ➡ remuneração do capital emprestado em atividades produtivas ou, ainda, remuneração paga pelas instituições financeiras sobre o capital nelas aplicado.

Podemos abordar a questão da remuneração do capital por meio do pagamento de juros, exemplificando que, se alguém detém certa quantia de dinheiro, para utilizá-la livremente no consumo de bens e serviços que são oferecidos pelo sistema econômico, e resolve postergar esse consumo, isto é, poupar os recursos transferindo-os a outra pessoa, pode-se conferir àquele que está postergando o consumo uma remuneração pelo sacrifício de consumo que poderia ter sido realizado no presente, que, em virtude de uma decisão do poupador, o será no futuro.

2.4 Regimes de Capitalização

O estudo da Matemática Financeira concentra-se na análise do crescimento do capital em razão dos juros que são acrescidos a ele ao longo do tempo. Essa incorporação é feita por meio de regimes de capitalização. Existem basicamente dois tipos de regimes de capitalização: o regime de capitalização descontínua e o regime de capitalização contínua.

2.4.1 Regime de Capitalização Descontínua

No regime de capitalização descontínua, os juros gerados pelo capital somente são incorporados a ele no final de cada intervalo finito de tempo a que se refere a taxa de juros considerada. Os regimes de capitalização descontínua são: o regime de capitalização simples e o regime de capitalização composta.

2.4.1.1 Regime de Capitalização Simples

Regime de capitalização simples é o regime segundo o qual os juros produzidos no final de cada intervalo unitário de tempo, expresso na taxa de juros, têm sempre como base de cálculo o capital inicial empregado. Nele a expressão matemática dos juros é:

$$J = P . i . n$$ (1)

onde:

J = juros

P = principal ou capital inicial

i = taxa de juros

n = número de períodos de tempo

É importante dizer que o período referente à taxa de juros i deve sempre estar na mesma unidade de tempo n, ou seja, para um período mensal devemos utilizar uma taxa mensal, para um período semestral devemos usar uma taxa semestral etc.

Reiteramos que o cálculo de juros simples, em nível de mercado financeiro, é utilizado, basicamente, para apuração de valores monetários das operações (encargos a pagar, rendimentos financeiros etc.), praticadas, principalmente, por bancos comerciais.

A partir da premissa de que o montante é a soma entre o capital e os juros, temos:

$$F = P(1 + i . n)$$ (2)

onde:

F = montante

P = principal ou capital inicial

i = taxa de juros

n = número de períodos de tempo

22 ▼ Matemática para Empreendedores

Podem existir situações práticas em que indivíduos, tais como pequenos comerciantes, profissionais liberais, microempresários, entre outros, necessitem antecipar recebíveis, ou seja, transformar valores que já se encontram guardados na tesouraria do empreendimento ou mesmo no setor de cobrança do banco que se opera, mas que ainda não podem ser recebidos em virtude da data de vencimento desses papéis. Podemos citar, por exemplo, duplicatas a receber, títulos a receber, cheques pré-datados etc. Diante dessa necessidade, pode ser realizada a operação de *desconto simples comercial*, que calcula os juros devidos ao período que falta para o vencimento do título, abatendo a importância do valor de face do papel. A expressão matemática do desconto simples, também chamado bancário, é:

$$d_c = N \cdot i \cdot n \qquad (3)$$

onde:

d_c = valor do desconto

N = valor de face do papel

i = taxa de desconto

n = número de períodos de tempo

Vamos a um exemplo numérico: certo comerciante detém uma duplicata de valor R$ 1.500,00, produto de uma venda, e deseja antecipar seu recebimento, porém faltam 18 dias para seu vencimento. Ao consultar o Banco Modelo S/A, foi informado que para essa operação há desconto e a taxa é de 10% ao mês. Calcule o valor líquido a ser recebido.

$d_c = N \cdot i \cdot n$

$d_c = R\$ 1.500,00 \cdot (0,10/30) \cdot 18$

$d_c = R\$ 90,00$

O valor atual da duplicata (A_c) seria então:

$A_c = R\$ 1.500,00 - R\$ 90,00$

$A_c = R\$ 1.410,00$

Para finalizar, percebemos que o valor atual do título é a diferença entre o valor de face e o desconto. Expressando em termos matemáticos, temos:

$A_c = N - dc$

$A_c = N - N . i . n$

$$\boxed{A_c = N (1 - i . n)} \qquad (4)$$

De fato,

$A_c = R\$ 1.500,00 (1 - (0,10/30) . 18)$

$A_c = R\$ 1.500,00 (0,94)$

$A_c = R\$ 1.410,00$

2.4.1.2 Regime de Capitalização Composta

No regime de capitalização composta, o juro produzido no final de um dado período n é somado ao capital que o produziu, passando ambos a integrar a nova base de cálculo para o período $n + 1$ e assim sucessivamente. O modelo matemático da expressão do valor futuro (F) pode ser resgatado, lembrando que o montante é o principal acréscimo dos juros, onde ($j = P . i . n$). Sendo assim, aplicando-se o capital P a uma série de períodos n, a uma taxa i, obtém-se um montante F:

1º período: $F = P + j$

$F = P + P . i . n$

$F = P + P . i . 1$

$F = P (1 + i)$

2º período: $F = P + j$

$F = P (1 + i) + P (1 + i). i . 1$

$F = P (1 + i) . (1 + i)$

$F = P (1 + i)^2$

3º período: $F = P + j$

$F = P (1 + i)^2 + P (1 + i)^2 . i . 1$

$F = P (1 + i)^2 . (1 + i)$

$\mathbf{F = P (1 + i)^3}$

n-ésimo período: $F = P + j$

$F = P (1 + i)^{n-1} + P (1 + i)^{n-1} . i . 1$

$F = P (1 + i)^{n-1} . (1 + i)$

$F = P (1 + i)^{n-1+1}$

$\mathbf{F = P (1 + i)^n}$

$$\boxed{\mathbf{F = P (1 + i)^n}} \tag{5}$$

onde:

> F = montante
>
> P = capital inicial
>
> i = taxa de juros
>
> n = número de períodos de tempo

Note-se que esse regime tem comportamento diferente da capitalização simples no que tange ao crescimento do principal, pois, nesse caso, a incorporação dos juros ao capital ocorre em *progressão geométrica*.

A partir da igualdade $F = P (1 + i)^n$, podemos calcular as demais variáveis *P*, *n* e *i*, conforme segue:

$$F = P (1 + i)^n \quad \Leftrightarrow \quad P (1 + i)^n = F$$

Isolando P, temos:

$$\boxed{\mathbf{P = \frac{F}{(1 + i)^n}}} \tag{6}$$

$$F = P (1 + i)^n \iff P (1 + i)^n = F$$

$$(1 + i)^n = \frac{F}{P}$$

Utilizando a propriedade do logaritmo de uma potência, temos:

$$n \log (1 + i) = \log \frac{F}{P}$$

$$\boxed{n = \frac{\log \dfrac{F}{P}}{\log (1 + i)}} \qquad (7)$$

Finalizando, temos:

$$F = P (1 + i)^n \iff P (1 + i)^n = F$$

$$(1 + i)^n = \frac{F}{P}$$

$$\boxed{i = \left(\frac{F}{P}\right)^{1/n} - 1} \qquad (8)$$

2.4.1.3 Apuração de Juros

Muitas vezes, necessitamos apurar monetariamente os juros produzidos em uma dada operação. Para tanto, sabendo-se que juros é a diferença entre o montante e o principal, temos:

$$j = F - P$$
$$j = P (1 + i)^n - P$$

$$\boxed{j = P [(1 + i)^n - 1]} \qquad (9)$$

2.4.1.4 Ponto de Equivalência

Outra idéia interessante que afeta o regime de juros compostos é o ponto de equivalência. Imaginemos a seguinte situação: aplicamos R$ 200,00 e R$ 100,00, respectivamente, às taxas de 3% e 5% ao período. Note-se que o primeiro capital, apesar de ser maior que o segundo, foi aplicado a uma taxa menor que o segundo. Isso implica dizer que haverá um momento no tempo *(n)* em que os montantes *(F)* serão iguais. Traduzindo para a linguagem matemática, podemos reescrever essa hipótese da seguinte maneira: aplicam-se dois capitais P_1 e P_2 à razão das taxas i_1 e i_2. Sendo $P_1 > P_2$ e $i_1 < i_2$, temos:

$$F_1 = P_1 (1 + i_1)^n$$
$$F_2 = P_2 (1 + i_2)^n$$

Desejamos averiguar *n* quando $F_1 = F_2$:

$$F_1 = F_2$$

$$P_1 (1 + i_1)^n = P_2 (1 + i_2)^n$$

$$\log P_1 + n \log (1 + i_1) = \log P_2 + n \log (1 + i_2)$$

$$n \log (1 + i_1) - n \log (1 + i_2) = \log P_2 - \log P_1$$

$$n [\log (1 + i_1) - \log (1 + i_2)] = \log P_2 - \log P_1$$

$$n \log \frac{(1 + i_1)}{(1 + i_2)} = \log \frac{P_2}{P_1}$$

$$n = \frac{\log \dfrac{P_2}{P_1}}{\log \dfrac{(1 + i_1)}{(1 + i_2)}} \tag{10}$$

Aplicando essa expressão ao nosso problema, assim ficaria a resposta:

$$n = \dfrac{\log \dfrac{R\$ \ 100,00}{R\$ \ 200,00}}{\log \dfrac{(1 + 0,03)}{(1 + 0,05)}}$$

$$\therefore 36 \text{ meses}$$

De fato, aplicando a expressão $F = P \ (1 + i)^n$, temos:

$$F = R\$ \ 100,00 \ (1 + 0,05)^{36} \ \Rightarrow \ R\$ \ 580,00$$
$$F = R\$ \ 200,00 \ (1 + 0,03)^{36} \ \Rightarrow \ R\$ \ 580,00$$

Imaginemos outra hipótese: aplicamos dois capitais P_1 e P_2 em períodos distintos n_1 e n_2. Sendo $P_1 < P_2$ e $n_1 > n_2$, existirá uma taxa que, aplicada a essas condições, propiciará os mesmos montantes. Matematicamente, temos:

$$F_1 = P_1 \ (1 + i)^{n1}$$
$$F_2 = P_2 \ (1 + i)^{n2}$$
$$F_1 = F_2$$

$$P_1 \ (1 + i)^{n1} = P_2 \ (1 + i)^{n2}$$

$$\log P_1 + n_1 \log (1 + i) = \log P_2 + n_2 \log (1 + i)$$

$$n_1 \ \log (1 + i) - n_2 \log (1 + i) = \log P_2 - \log P_1$$

$$\log (1 + i) \ . \ (n_1 - n_2) = \log \dfrac{P_2}{P_1}$$

$$\boxed{\log (1 + i) = \dfrac{\log \dfrac{P_2}{P_1}}{(n_1 - n_2)}} \qquad (11)$$

2.4.1.5 Taxa de Juros Equivalentes na Capitalização Composta

Toda pessoa que necessita fazer operações no mercado financeiro, tais como poupar dinheiro em caderneta de poupança, aplicar sobras de caixa em Certificado de Depósito Bancário (CDB) ou mesmo apurar os juros devidos por ter usado o limite de sua conta corrente, precisa dominar os cálculos das taxas de juros envolvidas nessas operações.

Para efeito ilustrativo, digamos que o Banco Empreendedorial S/A esteja oferecendo um CDB de 35 dias à taxa prefixada de 22% ao ano (esse tipo de produto apresenta, além da cobrança de CPMF (0,38%), tributação de 20% de IRRF sobre os rendimentos e IOF quando a aplicação for feita por prazo inferior a 30 dias). Para alguém não habituado a essas operações, seria normal raciocinar que, se a taxa é pactuada ao ano e o prazo da operação é expresso em dias, basta dividir 22% por 360, para obter a taxa diária. Isso está incorreto, na medida em que estamos operando em um ambiente exponencial (capitalização composta), diferentemente de ambiente linear, característica operacional da capitalização simples. Para entendermos esse procedimento, devemos conceituar taxas equivalentes: são aquelas que, aplicadas ao *mesmo principal*, durante o *mesmo espaço de tempo*, produzem montantes iguais.

Vamos imaginar a seguinte situação: um capital P foi aplicado durante um período de tempo n, à razão de uma taxa de juros i, produzindo um montante F. Concomitantemente a essa aplicação, imagine que um *mesmo principal P* tenha sido aplicado durante um período de tempo n_e, *equivalente ao primeiro*, à taxa de juros i_e, produzindo um *mesmo montante* F_e.

Isto posto, decorrem as seguintes sentenças matemáticas para cada aplicação descrita anteriormente:

$$F = P (1 + i)^n$$
$$Fe = P (1 + i_e)^{ne}$$

Como F = Fe, temos:

$$P (1 + i)^n = P (1 + i_e)^{ne}$$

Como n = 1 (um mês, um semestre, um ano, um período)

$$(1 + i)^n = (1 + i_e)^{ne}$$

$$(1 + i_e)^{ne} = (1 + i)$$

$$(1 + i_e) = (1 + i_e)^{1/ne}$$

$$\boxed{i_e = (1 + i)^{1/ne} - 1} \qquad (12)$$

Podemos, ainda, calcular a taxa i em função da taxa i_e:

$$(1 + i)^n = (1 + i_e)^{ne}$$

Como n = 1, temos:

$$\boxed{i = (1 + i_e)^{ne} - 1} \qquad (13)$$

Em nosso exemplo, assim ficaria o cálculo do CDB:

$$i_e = (1 + 0,22)^{1/360} - 1 \quad \therefore \quad i_e = 0,055\% \text{ ao dia}$$
$$i = (1 + 0,00055)^{35} - 1 \quad \therefore \quad i = 1,95\% \text{ ao período}$$

Podemos resolver o problema, de maneira mais objetiva, assim:

$$i_e = (1 + 0,22)^{35/360} - 1 \quad \therefore \quad i = 1,95\% \text{ ao período}$$

2.4.1.6 Taxa de Juros Nominal e Taxa Efetiva

Existem algumas situações em que a taxa utilizada na operação não coincide com o período de capitalização. Por exemplo, aplica-se certo capital P a juros compostos por n meses à taxa de 20% ao ano,

30 ▼ Matemática para Empreendedores

capitalizados mensalmente. Note-se que, apesar de a taxa ser expressa em termos anuais, a capitalização se dá em termos mensais. Isso implica estarmos utilizando uma taxa nominal anual quando, efetivamente, a remuneração do capital se dá em termos mensais. Para tanto, faz-se necessária a distinção entre *taxa nominal* e *taxa efetiva*.

➡ **Taxa nominal:** é aquela cuja unidade do período a que se refere não coincide com a unidade do período da capitalização.

➡ **Taxa efetiva:** é aquela que efetivamente grava uma operação financeira.

Dada uma taxa de juros nominal, procede-se, para cálculo da respectiva taxa de juros efetiva, por convenção, de maneira igual à do sistema de capitalização simples, isto é, calcula-se a taxa proporcional à dada, relativa à unidade de tempo mencionada para a capitalização, e, posteriormente, apura-se exponencialmente a taxa efetiva à nominal. Matematicamente, temos:

$$\boxed{i_f \; = \; (1 \; + \; i/k)^k - 1} \qquad (14)$$

onde:

i_f = taxa efetiva

i = taxa nominal

k = freqüência de períodos relativos à capitalização de i_f

Uma situação que retrata bem essa questão é a da caderneta de poupança. Como se sabe, o governo paga TR + 6% ao ano como forma de remuneração desse ativo. Para os propósitos de nossa explicação, vamos deixar de lado a TR e pensar somente nos juros (6% ao ano). Se uma pessoa aplica R$ 100,00 hoje na poupança, quanto teria acumulado ao final de um ano? Fazendo o fluxo de caixa, teríamos:

Os Principais Conceitos de Matemática Financeira ▼ 31

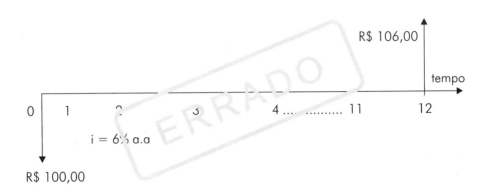

Como a remuneração é de 6% ao ano, é lógico presumir que o aplicador ganharia R$ 6,00 (6% de R$ 100,00). Isso estaria correto se a capitalização da caderneta de poupança fosse anual. No entanto, como se sabe, a remuneração é mensal. Posto isto, podemos afirmar que a taxa de 6% ao ano é nominal, pois, enquanto esta é expressa para um período (ano), a sua capitalização é expressa para outro período (mês). Sendo assim, vamos ao cálculo da taxa efetiva:

$I_f = (1 + i/k)^k - 1$

$I_f = (1 + 0{,}06/12)^{12} - 1$

$I_f = (1{,}6167781) - 1$

$I_f = 6{,}17\%$ a.a.

Podemos confirmar esse cálculo pela utilização da fórmula de juros compostos vista neste capítulo:

$F = P(1 + i)^n$

$F = R\$ 100{,}00 (1 + 0{,}005)^{12}$

F = R$ 100,00 (1,6167781)

F = R$ 106,17

O fluxo de caixa correto seria:

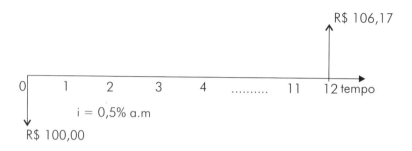

2.4.1.7 Metodologia para Descapitalização

Ao examinarmos a capitalização simples, vimos que o desconto comercial é utilizado como um "vetor", por meio do qual podemos trazer um valor que está no futuro para a data presente. No regime de capitalização composta não é diferente. Se precisarmos atualizar um valor futuro, devemos fazer o caminho inverso da capitalização, ou seja, a descapitalização. Nesses casos, o "vetor" a ser utilizado será o *desconto composto racional (Dr)* por ser peculiar ao regime de *capitalização composta*.

Vamos imaginar um fluxo de caixa que represente uma operação de desconto de um título de valor nominal N, resgatado cinco períodos antes do vencimento, a uma taxa de desconto i por meio do desconto composto racional. Esquematicamente, teríamos:

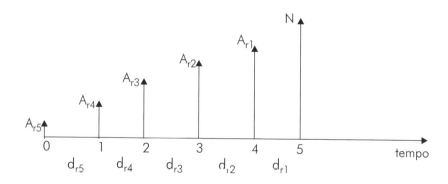

Observando com maior cuidado, percebemos que o valor N é futuro em relação ao valor de Ar, ou seja, $N = F$ e $Ar = P$. Conforme já visto, temos:

$$F = P (1 + i)^n \quad \Leftrightarrow \quad P (1 + i)^n = F$$

Isolando P, temos:

$$P = \frac{F}{(1 + i)^n}$$

Logo:

$$\boxed{A_r = \frac{N}{(1 + i)^n}} \tag{15}$$

2.4.2 Regime de Capitalização Contínua

No regime de capitalização contínua consideremos uma taxa de juros I, chamada instantânea, referente a um intervalo de tempo infinitesimal, ao final do qual os juros formados se incorporem ao capital.

A modelagem matemática associada ao regime de capitalização contínua assume que os juros dC_t são diretamente proporcionais ao capital C_t, ao intervalo infinitesimal de tempo d_t e à taxa I, suposta constante durante a capitalização.

Dessa forma, temos:

$$dC_t = C_t \cdot d_t \cdot I$$

Logo:

$$\frac{dC_t}{C_t} = I \cdot d_t$$

ou

$$\int \frac{dC_t}{C_t} = \int I \cdot d_t$$

$$\ln C_t = I \cdot t + k$$

onde k é uma constante de integração.

Portanto,

$$C_t = e^{I.t + k}$$

ou

$$Ct = e^{I.t} \cdot e^k$$

Como para $t = 0$ temos $C_t = C = e^k$, obtemos $C_t = C \cdot e^{I.t}$

Adotando $C_t = F$, $t = n$ e $I = i$, podemos escrever:

$$\boxed{F = C \cdot e^{i \cdot n}}$$
(16)

2.5 Considerações Finais

Terminado este capítulo, o qual procurou demonstrar as ferramentas disponibilizadas pela Matemática Financeira, vamos nos aprofundar nessa temática mostrando como se comporta um fluxo de caixa quando existem mais de uma aplicação. Como podemos capitalizar e descapitalizar um conjunto de capitais. Como podemos calcular a prestação de um financiamento ou mesmo construir um fundo de caixa para reforçar a segurança do nosso empreendimento. Todos esses assuntos serão examinados no Capítulo 3, a seguir.

Capítulo 3

MODELAGEM MATEMÁTICA APLICADA AOS FINANCIAMENTOS

Objetivos do Capítulo

➤ *Aprofundar a análise sobre os modelos de capitalização composta disponibilizados pela Matemática Financeira.*

➤ *Mostrar como a modelagem matemática pode auxiliar o empreendedor no processo de análise, previsão e monitoramento dos financiamentos.*

➤ *Orientar os gestores financeiros quanto à correta interpretação de conceitos técnicos relativos ao pagamento de juros, amortização e prestações.*

3.1 Introdução

Este capítulo pretende aprofundar os conceitos da Matemática Financeira, em particular as modelagens afetas à capitalização composta. É fato que o gestor financeiro, ao administrar um empreendimento, muitas vezes, se vê obrigado a assumir financiamentos de ativos operacionais ou mesmo contrair empréstimos que serão pagos por meio de pagamentos futuros. São comuns as indagações quanto à maneira pela qual são calculadas as prestações, a diferença entre pagamento e amortização, qual é a taxa financeira embutida em um empréstimo e assim por diante. Diante dessas questões, passamos a estudar os modelos matemáticos que, apesar de apresentarem maior grau de complexidade, podem dirimir essas dúvidas.

3.2 Série Uniforme de Prestações Periódicas

As séries uniformes de prestações periódicas podem ser entendidas como um conjunto de pagamentos (ou recebimentos) de *valor nominal igual*, que se encontram dispostos em *períodos de tempo constantes*, ao longo de um fluxo de caixa. Se a série tiver como objetivo a *constituição do capital*, esse será o montante da série; ao contrário, se o objetivo for a *amortização* de um capital, este será o valor atual da série.

As séries uniformes de prestações periódicas mais importantes e que serão objeto de estudo desse capítulo são:

- ➡ **Série uniforme de prestações periódicas postecipadas:** caracteriza-se pelo fato de os pagamentos ocorrerem no *final* de cada intervalo de tempo, ou seja, não existem pagamentos na data zero.

- ➡ **Série uniforme de prestações periódicas antecipadas:** caracteriza-se pelo fato de os pagamentos ocorrem no *início* de cada intervalo de tempo, ou seja, a primeira prestação ocorre na data zero.

Modelagem Matemática Aplicada aos Financiamentos ▼ 37

➥ **Série uniforme de prestações periódicas diferidas:** caracteriza-se pelo fato de existir uma carência entre a data zero e o primeiro pagamento da série.

Destacamos que as séries mencionadas anteriormente, independentemente da sua classificação, estão inseridas no contexto de capitalização composta, ou seja, cada pagamento R será capitalizado ou descapitalizado à luz de uma taxa de juros i, durante um certo período de tempo n.

3.3 Série Uniforme de Prestações Periódicas Postecipadas

A principal característica atribuída a esta série são os pagamentos realizados no final de cada intervalo de tempo. Podemos ter a necessidade de apurar o valor presente *(P)* da série ou o montante *(F)* das prestações.

No tocante à modelagem utilizada, para o cálculo do valor atual vamos nos valer do cálculo do desconto composto A_R estudado no Capítulo 2. Em contrapartida, para o cálculo do montante da série, vamos utilizar o modelo do montante F do regime de capitalização composta, também visto naquele capítulo.

3.3.1 Valor Presente da Série Periódica Postecipada (P_p)

Dado o fluxo a seguir, podemos encontrar o valor atual descapitalizando cada valor R para uma mesma data. Por convenção, escolheremos a data zero.

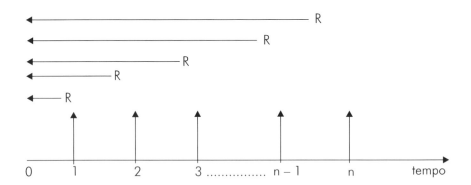

$$P_p = \frac{R}{(1+i)^1} + \frac{R}{(1+i)^2} + \frac{R}{(1+i)^3} + \ldots + \frac{R}{(1+i)^{n-1}} + \frac{R}{(1+i)^n}$$

Colocando R em evidência, temos:

$$P_p = R \left[\frac{1}{(1+i)^1} + \frac{1}{(1+i)^2} + \frac{1}{(1+i)^3} + \ldots + \frac{1}{(1+i)^{n-1}} + \frac{1}{(1+i)^n} \right]$$

Percebemos que a expressão entre colchetes é uma progressão geométrica, onde:

1º termo $a_1 = \dfrac{1}{(1+i)}$

a razão $q = \dfrac{1}{(1+i)}$

n-ésimo termo é $a_n = \dfrac{1}{(1+i)^n}$

A soma de uma Progressão Geométrica (PG) é expressa por:

$$\boxed{S = \frac{a_1 - a_n \cdot q}{1 - q}} \qquad (17)$$

Exemplo:

Dada a seqüência 2, 4, 8, 16, 32, determine sua soma:

$$2 + 4 + 8 + 16 + 32 = 62$$

ou

$$S = \frac{a_1 - a_n \cdot q}{1 - q} \Rightarrow S = \frac{2 - 32 \cdot 2}{1 - 2} \Rightarrow S = 62$$

Substituindo as variáveis da série postecipada na fórmula da soma da PG, temos:

$$P_p = R \cdot \frac{\dfrac{1}{(1 + i)} - \dfrac{1}{(1 + i)^n} \cdot \dfrac{1}{(1 + i)}}{1 - \dfrac{1}{(1 + i)}}$$

$$P_p = R \cdot \frac{\dfrac{(1 + i)^n - 1}{(1 + i)^{n+1}}}{\dfrac{i}{(1 + i)}}$$

$$\boxed{P_p = R \cdot \frac{(1 + i)^n - 1}{(1 + i)^n \cdot i}} \tag{18}$$

Exemplo:

O dono de uma loja de automóveis precisa quitar um veículo que acabou de adquirir; entretanto o veículo se encontra alienado a uma instituição financeira. Sabendo que faltam 16 prestações, que o Banco cobra uma taxa de 7% ao mês e que o valor da prestação é de R$ 765,00, determine o valor a vista do carro.

$$R = R\$ \ 765,00$$

$$n = 16$$

$$i = 7\% \ a.m.$$

$$P_p = R \cdot \frac{(1+i)^n - 1}{(1+i)^n \cdot i}$$

$$P_p = 765 \cdot \frac{(1+0{,}07)^{16} - 1}{(1+0{,}07)^{16} \cdot 0{,}07}$$

$$P_p = R\$ \ 7.226{,}68$$

Outra fórmula que nos ajuda bastante é a do cálculo da prestação periódica.

Dada a expressão:

$$P_p = R \cdot \frac{(1+i)^n - 1}{(1+i)^n \cdot i}$$

isolando R, temos:

$$\boxed{R = P_p \cdot \frac{(1+i)^n \cdot i}{(1+i)^n - 1}} \qquad (19)$$

Exemplo:

Um microempresário decide aceitar uma linha de crédito oferecida pelo Banco "Z" com as seguintes características: limite de R\$ 35.000,00, em 48 pagamentos mensais e consecutivos e taxa de juros de 35% ao ano. Calcule o valor de cada prestação.

$$P_p = R\$ \ 35.000{,}00$$

$$n = 48$$

$$i = 35\% \text{ a.a.} \quad \Rightarrow \quad i_e = (1+0{,}35)^{1/12} - 1 \quad \therefore \quad i_e = 2{,}53\% \text{ a.m.}$$

$$R = P_p \cdot \frac{(1+i)^n \cdot i}{(1+i)^n - 1}$$

$$R = 35.000 \cdot \frac{(1+0{,}0253)^{48} \cdot 0{,}0253}{(1+0{,}0253)^{48} - 1}$$

$$R = R\$ \ 1.267{,}55$$

3.3.2 Valor Futuro da Série Periódica Postecipada (Fp)

O valor futuro ou valor acumulado de uma série uniforme de prestações periódicas é a soma dos montantes de cada uma das prestações em uma determinada data. Assim, vamos determinar o montante da série na data n, imediatamente após a realização do último pagamento.

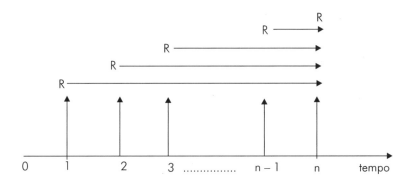

$$F_p = R(1+i)^{n-1} + R(1+i)^{n-2} + R(1+i)^{n-3} + \ldots + R(1+i) + R$$

Colocando R em evidência e invertendo a ordem das parcelas, temos:

$$F_p = R[1 + (1+i) + \ldots + (1+i)^{n-3} + (1+i)^{n-2} + (1+i)^{n-1}]$$

Percebemos que a expressão entre colchetes trata-se de uma progressão geométrica, onde o primeiro termo $a_1 = 1$, a razão $q = (1+i)$ e o último termo $a_n = (1+i)^{n-1}$

$$S = \frac{a_1 - a_n \cdot q}{1 - q}$$

$$F_p = R \frac{1 - (1+i)^{n-1} \cdot (1+i)}{1 - (1+i)}$$

$$F_p = R \frac{1 - (1+i)^{n-1+1}}{1 - 1 - i}$$

42 ▼ Matemática para Empreendedores

$$F_p = R \frac{1 - (1 + i)^n}{- i}$$

$$\boxed{F_p = R \frac{(1 + i)^n - 1}{i}} \qquad (20)$$

Exemplo:

Uma pessoa decide depositar R\$ 200,00 todo mês, durante um ano, na caderneta de poupança, que rende 0,8% ao mês. Quanto terá acumulado no final desse período?

$R = R\$ 200,00$

$n = 12$

$i = 0,8\%$ a.m.

$$F_p = R \frac{(1 + i)^n - 1}{i}$$

$$F_p = 200 \frac{(1 + 0,008)^{12} - 1}{0,008}$$

$F_p = R\$ 2.508,47$

Outra expressão muito útil é a seguinte:

$$F_p = R \frac{(1 + i)^n - 1}{i}$$

Isolando *R*, temos:

$$\boxed{R = F_p \frac{i}{(1 + i)^n - 1}} \qquad (21)$$

Exemplo:

Um profissional liberal decide planejar sua aposentadoria. Fará depósitos trimestrais em um fundo que remunera o capital à taxa bruta de 27% ao ano, desejando, aos 60 anos de idade, ter acumulado R$ 500.000,00. Calcular o valor de cada depósito, sabendo-se que ele tem hoje 45 anos.

$n = (60 - 45) \times 4 = 60$ trimestres (depósitos)

$i = 27\%$ a.a. $\Rightarrow i_e = (1 + 0,27)^{1/4} - 1 \quad \therefore \quad i_e = 6,15\%$ ao trimestre

$$R = 500.000 \cdot \frac{0,0615}{(1 + 0,0615)^{60} - 1}$$

$R = R\$ 880,86$

3.3.3 Perpetuidades

Muitas vezes, há situações em que o número das prestações periódicas é considerado infinito; nesse caso dizemos que a série é perpétua. O pagamento de valores envolvendo seguros é um exemplo típico da aplicação dessa teoria. Ressaltamos que a matemática atuarial se ocupa do desenvolvimento de modelos, envolvendo séries perpétuas. A expressão do principal fica como segue:

$$P = R \lim_{n \to \infty} \cdot \frac{(1 + i)^n - 1}{(1 + i)^n \cdot i} \Rightarrow \boxed{P = \frac{R}{i}} \tag{22}$$

Ou seja, o principal ou valor atual de uma série uniforme periódica perpétua é igual ao valor da prestação dividido pela taxa de juros.

3.4 Série Uniforme de Prestações Periódicas Antecipadas

Vimos, pela definição, que a série uniforme de prestações periódicas antecipadas caracteriza-se pelo fato de que os pagamentos (ou recebimentos) sempre vão ocorrer no *início do intervalo de tempo*. Analogamente às rendas postecipadas, podemos calcular o *valor atual da série (Pa)* por meio do desconto composto racional A_r, ou o montante da série (Fa) por meio do cálculo do montante F relativo à capitalização composta.

3.4.1 Valor Presente da Série Periódica Antecipada (P_a)

Dado o fluxo a seguir, para calcular o valor atual da série, procede-se de maneira idêntica às rendas postecipadas, ou seja, descontam-se todas as parcelas para a data zero e, nessa data, as somamos:

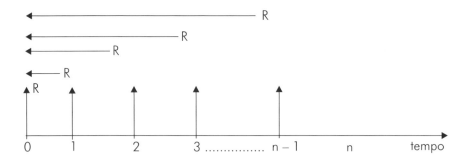

$$P_a = R + \frac{R}{(1+i)^1} + \frac{R}{(1+i)^2} + \frac{R}{(1+i)^3} + \ldots + \frac{R}{(1+i)^{n-1}}$$

Colocando R em evidência, temos:

$$P_a = R \left[1 + \frac{1}{(1+i)^1} + \frac{1}{(1+i)^2} + \frac{1}{(1+i)^3} + \ldots + \frac{1}{(1+i)^{n-1}} \right]$$

$$P_a = R \, [1 + E]$$

Notamos que a expressão E equivale ao *fator de valor presente das séries postecipadas* de n – 1 termos. Sendo assim, para que não seja necessário desenvolver novo instrumental matemático, vamos nos valer do fator anteriormente mencionado com o cuidado de, em relação às séries antecipadas, utilizar um período a menos (o que ocorre na data zero). Assim sendo, temos a expressão:

$$P_a = R\left[1 + \frac{(1+i)^{n-1} - 1}{(1+i)^{n-1} \cdot i}\right] \quad (23)$$

Exemplo:

Um computador está à venda na rede de lojas "G" com o seguinte plano: 25 parcelas mensais iguais de R$ 220,00; a primeira parcela no ato, com taxa financeira de 1,5% ao mês. Qual o preço a vista desse bem?

$$P_a = R\left[1 + \frac{(1+i)^{n-1} - 1}{(1+i)^{n-1} \cdot i}\right]$$

$$P_a = 220\left[1 + \frac{(1+0{,}015)^{24} - 1}{(1+0{,}015)^{24} \cdot 0{,}015}\right]$$

$P_a = R\$\ 4.626{,}69$

3.4.2 Valor Futuro da Série Periódica Antecipada (F_a)

Valor Futuro da Série Periódica Antecipada (F_a) é a soma dos valores dispostos ao longo do fluxo de caixa em determinada data. Para uniformizar os procedimentos adotados ao longo deste livro, vamos *capitalizar* os valores para a data n.

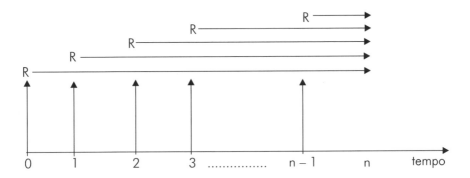

$$F_a = R(1 + i)^n + R(1 + i)^{n-1} + R(1 + i)^{n-2} + \dots + R(1 + i)^{n-(n-2)} + R(1 + i)^{n-(n-1)}$$

Colocando R em evidência e operando os expoentes, temos:

$$F_a = R[(1 + i)^n + (1 + i)^{n-1} + (1 + i)^{n-2} + \dots + (1 + i)^2 + (1 + i)^1]$$

Colocando o termo $(1 + i)$ em evidência, temos:

$$F_a = R \cdot (1 + i) \left[\boxed{(1 + i)^{n-1} + (1 + i)^{n-2} + \dots + (1 + i) + 1} \right]$$
$$\text{E}$$

$$F_a = R \cdot (1 + i) \cdot E$$

Note que a expressão E *se* trata do fator de acumulação de capital das séries postecipadas. Para efeito de uso do formulário existente, entendemos que, se esse fator esta sendo multiplicado por $(1 + i)$, isso implica mais um período de capitalização. Assim, devemos ter o cuidado de somar 1 à variável n e subtraí-la do resultado final. Matematicamente temos:

$$\boxed{F_a = R \left[\frac{(1 + i)^{n+1} - 1}{i} - 1 \right]} \tag{24}$$

Exemplo:

Um aplicador abre uma conta no Banco "K", com um depósito inicial de R$ 1.000,00, comprometendo-se a fazer outros 23 de mesmo valor ao final de cada mês. Sabendo que cada depósito será remunerado à taxa anual de 26,82% ao ano, calcule o saldo final da conta.

$R = R\$ 1.000,00$

$n = 24$ meses

$i = 26,82\%$ a.a. $\Rightarrow i_e = (1 + 0,2682)^{1/12} - 1 \quad \therefore \quad i_e = 2\%$ a.m.

$$F_a = 1.000 \left[\frac{(1 + 0,02)^{25} - 1}{0,02} - 1 \right]$$

$F_a = R\$ 31.030,30$

3.5 Série Uniforme de Prestações Periódicas Diferidas

Finalmente, vamos estudar um conjunto de pagamentos (ou recebimentos) que ocorrem sempre após um certo período de *carência*, também chamado *prazo de diferimento*.

3.5.1 Valor Presente da Série Periódica Diferida (P_d)

Em relação ao fluxo a seguir, vamos determinar o *Valor Atual* (P_d) na data zero:

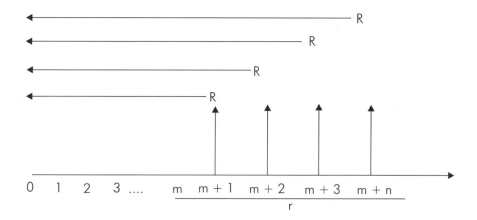

Notamos que a série ocorrida entre os períodos m e m + n (segmento **r**) tem comportamento idêntico às séries postecipadas. Sendo assim, podemos calcular o valor atual (P_d) seguindo o seguinte raciocínio:

1º) Calculamos o valor atual P_p na data *m*, ou seja:

$$P_m = R \cdot \frac{(1+i)^n - 1}{(1+i)^n \cdot i}$$

2º) Descapitalizamos P_m por meio do desconto composto racional para a data zero por m períodos, encontrando, dessa maneira, o valor atual P_d. Matematicamente, temos:

$$P_d = \frac{R \dfrac{(1 + i)^n - 1}{(1 + i)^n \cdot i}}{(1 + i)^m}$$

$$P_d = R \frac{(1 + i)^n - 1}{(1 + i)^n \cdot i} \cdot \frac{1}{(1 + i)^m}$$

$$\boxed{P_d = R \frac{(1 + i)^n - 1}{(1 + i)^{n+m} \cdot i}} \qquad (25)$$

Exemplo:

Um lanifício necessita adquirir uma nova máquina para o setor de fiação. O equipamento é comprado em 18 prestações mensais iguais à taxa de 7,80% ao semestre. Determine o preço a vista, sabendo que cada desembolso corresponde a US$ 1.200,00 e que foi concedido uma carência de 3 meses para o primeiro pagamento.

$R = US\$\ 1.200,00$

$n = 18$ meses

$m = 3$ meses

$i = 7,80\%$ a.s. $\Rightarrow\ i_e = (1 + 0,078)^{1/6} - 1\ \therefore\ i_e = 1,25\%$ a.m.

$$P_d = R \frac{(1 + i)^n - 1}{(1 + i)^{n+m} \cdot i}$$

$$P_d = 1.200 \frac{(1 + 0,0125)^{18} - 1}{(1 + 0,0125)^{18+3} \cdot 0,0125}$$

$P_d = US\$\ 18.531,79$

3.5.2 Valor Futuro da Série Diferida (F_d)

Em razão da inexistência de pagamentos e capitalizações durante o prazo de carência, para o cálculo do *montante* (F_d) de uma série diferida, procedemos de maneira análoga à série postecipada, ou seja:

$$F_d = R \frac{(1 + i)^n - 1}{i} \tag{26}$$

3.6 Série Uniforme de Prestações Periódicas com Parcelas Adicionais

Este tópico, embora não contenha nova teoria matemática, é muito importante, haja vista sua aplicabilidade ao mundo dos negócios, em especial aos empreendimentos do mercado imobiliário.

Não é raro propagandas veiculadas por folhetos, os quais oferecem imóveis a serem vendidos ou financiados por bancos particulares ou diretamente pelas incorporadoras. Essas ofertas são, muitas vezes, complexas quanto à forma de pagamento, na medida em que o fluxo de caixa oferecido prevê, além das prestações preestabelecidas, pagamentos intermediários. Nesses casos, para encontrar o valor atual do imóvel, devemos empregar os conceitos anteriormente vistos em relação à especificidade da série em questão, procurando adequar a tipologia de cada uma ao macromodelo matemático.

Exemplo:

Um apartamento está à venda nas seguintes condições:

– Prazo total: 6 anos
– Sinal: R$ 5.500,00

– Prestações mensais: R$ 450,00

– Pagamentos semestrais: R$ 1.500,00

– Pagamentos anuais: R$ 11.800,00

Dada uma taxa de 3% ao mês, calcule o preço a vista do imóvel. Esquematicamente, teríamos:

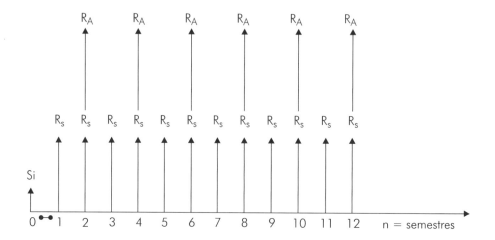

Convenções adotadas:

•—• (pagamentos mensais a cada ano) 72 termos

R_s (pagamentos semestrais) 12 termos

R_A (pagamentos anuais) 6 termos

Conforme dissemos, vamos adequar a tipologia de cada série. Para tanto, utilizaremos as séries periódicas postecipadas, adequando a taxa ao período referente.

O macromodelo assim seria:

$i = 3\%$ a.m. $\Rightarrow$ $i_e = (1 + 0,03)^6 - 1$ $\therefore$ $i_e = 19,41\%$ a.s.

$i = 3\%$ a.m. $\Rightarrow$ $i_e = (1 + 0,03)^{12} - 1$ $\therefore$ $i_e = 42,58\%$ a.a.

Vamos encontrar o valor a vista do imóvel.

$$V = \text{sinal} + \boxed{R\frac{(1 + i)^n - 1}{(1 + i)^n . i}} + \boxed{R\frac{(1 + i)^n - 1}{(1 + i)^n . i}} + \boxed{R\frac{(1 + i)^n - 1}{(1 + i)^n . i}}$$

$$\Downarrow \qquad\qquad \Downarrow \qquad\qquad \Downarrow$$

pagamentos mensais — pagamentos semestrais — pagamentos anuais

$$V = 5.500 + 450\,\frac{(1 + 0,03)^{72} - 1}{(1 + 0,03)^{72}.0,03} + 1.500\,\frac{(1 + 0,1941)^{12} - 1}{(1 + 0,1941)^{12}.0,1941} + 11.800\,\frac{(1 + 0,4258)^6 - 1}{(1 + 0,4258)^6.0,4258}$$

$$V = 5.500 + 13.214,29 + 6.808,42 + 24.413,98$$

$$V \cong R\$ 50.000,00$$

3.7 Sistemas de Amortização de Empréstimos

Durante o processo de gerenciamento de empreendimentos, podemos enfrentar situações em que seja necessário contrair dívidas que serão saldadas a médio e longo prazos. Considerando o fato de que o valor nominal de cada pagamento consiste em uma mescla de pagamento de juros e de amortização do principal, podemos usar várias metodologias para estabelecer a maneira de liquidar uma dívida. Para efeito ilustrativo, destacamos que o controle da inflação, aliado à estabilização da economia, implicou uma série de alternativas de financiamentos, consórcios e cooperativas no ramo imobiliário. Essas situações práticas constituem-se na aplicabilidade do assunto aqui tratado, sobremaneira nos sistemas utilizados com maior freqüência, os quais discutiremos no final deste capítulo.

Conceitos básicos

Antes de iniciarmos os estudos específicos em relação a cada metodologia de amortização, entendemos ser necessário conceituar alguns termos utilizados pelo mercado:

52 ▼ Matemática para Empreendedores

➡ **Amortização:** é o pagamento do principal ou capital emprestado que é feito, normalmente, de maneira periódica e sucessiva durante o prazo de financiamento.

Juros: é o custo do capital tomado sob o aspecto do mutuário e o retorno do capital investido sob o aspecto do mutuante.

➡ **Prestação:** é o pagamento da amortização mais os juros relativos ao saldo devedor imediatamente anterior ao período referente à prestação. A taxa de juros pode ser pré ou pós-fixada, dependendo da cláusula contratual. Entende-se como taxa *pré-fixada* aquela cuja expectativa de inflação futura já está incorporada à taxa, e *pós-fixada* aquela em que há necessidade de apurar a desvalorização ocorrida por conta da inflação, compensado-a por meio da correção monetária.

➡ Saldo devedor ou estado da dívida: é o valor devido em certo período, imediatamente após a realização do pagamento relativo a esse período.

3.7.1 Sistema de Amortização Constante (SAC)

O Sistema de Amortização Constante (SAC), como o próprio nome sugere, consiste na amortização constante do principal durante todo o prazo de financiamento. A prestação a ser paga será decrescente, na medida em que os juros incidirão sobre um saldo devedor cada vez menor. O valor da amortização é calculado pela divisão entre o capital inicial e o número de prestações a serem pagas.

$$A = \frac{P}{n} \tag{27}$$

onde:

A = amortização

P = principal

n = número de prestações

Exemplo:

Uma confecção contraiu um empréstimo no valor de R$ 10.000,00 que será amortizado em cinco prestações trimestrais à razão de 7% ao trimestre pelo SAC. Monte o quadro da dívida.

Para a montagem da planilha, devemos inicialmente calcular o valor da amortização:

$$A = \frac{P}{n}$$

$$A = \frac{10.000,00}{5} \Rightarrow R\$\ 2.000,00$$

PERÍODO	SALDO DEVEDOR	AMORTIZAÇÃO	JUROS	PRESTAÇÃO	SALDO ATUAL
0	–	–	–	–	10.000,00
1	10.700,00	2.000,00	700,00	2.700,00	8.000,00
2	8.560,00	2.000,00	560,00	2.560,00	6.000,00
3	6.420,00	2.000,00	420,00	2.420,00	4.000,00
4	4.280,00	2.000,00	280,00	2.280,00	2.000,00
5	2.140,00	2.000,00	140,00	2.140,00	0,00
Totalizações ⇒		10.000,00	2.100,00	12.100,00	

➡ Os **juros** são obtidos sobre o saldo devedor anterior ao período de apuração do resultado.

➡ A **prestação** é a soma da amortização aos juros calculados no período.

➡ **Saldo devedor** é a soma dos juros ao saldo anterior.

➡ **Saldo atual** é a diferença entre o saldo devedor e a prestação.

3.7.2 Sistema de Amortização Francês (SAF)

O Sistema de Amortização Francês (SAF) estabelece, ao contrário do SAC, que as prestações são iguais e sucessivas durante todo o prazo da amortização. É importante notar que, à medida que as prestações são realizadas, o saldo devedor é diminuído, implicando, desse modo, uma concomitante diminuição dos juros apurados para o período de análise. Porém, em virtude de manter-se a uniformidade em relação ao valor da prestação, a amortização aumenta de maneira a compensar a diminuição dos juros. O cálculo do valor da prestação é feito partindo-se da fórmula do valor presente da série uniforme de prestações periódicas já vista neste capítulo:

$$R = P_p \cdot \frac{(1 + i)^n \cdot i}{(1 + i)^n - 1}$$

Exemplo:

Uma videolocadora, com o intuito de aumentar seu acervo, contraiu um empréstimo de R\$ 30.000,00 para ser pago ao longo de 5 anos com prestações semestrais à taxa de 16% ao ano pelo sistema francês. Monte a planilha financeira.

➥ *Cálculo da prestação:*

$$R = P_p \cdot \frac{(1 + i)^n \cdot i}{(1 + i)^n - 1}$$

$$i = 16\% \text{ a.a.} \quad \Rightarrow \quad i_e = (1 + 0,16)^{1/2} - 1 \quad \therefore \quad i_e = 7,70\% \text{ a.s.}$$

$$R = 30.000 \cdot \frac{(1 + 0,077)^{10} \cdot 0,077}{(1 + 0,077)^{10} - 1}$$

$$R = R\$ 4.410,57$$

Modelagem Matemática Aplicada aos Financiamentos ▼ **55**

➥ *Montagem da planilha:*

PERÍODO	SALDO DEVEDOR	AMORTIZAÇÃO	JUROS	PRESTAÇÃO	SALDO ATUAL
0	–	–	–	–	30.000,00
1	32.310,00	2.100,57	2.310,00	4.410,57	27.899,43
2	30.047,68	2.262,31	2.148,26	4.410,57	25.637,11
3	27.611,16	2.436,51	1.974,06	4.410,57	23.200,59
4	24.987,03	2.624,12	1.786,45	4.410,57	20.576,46
5	22.160,85	2.826,18	1.584,39	4.410,57	17.750,27
6	19.117,04	3.043,80	1.366,77	4.410,57	14.706,47
7	15.838,67	3.278,17	1.132,40	4.410,57	11.428,29
8	12.308,27	3.530,59	879,98	4.410,57	7.897,69
9	8.505,82	3.802,45	608,12	4.410,57	4.095,25
10	4.410,59	4.095,24	315,33	4.410,57	0,00
Totalizações ⇒		**30.000,00**	**14.105,76**	**44.105,74**	

3.7.3 Sistema de Amortização Constante (SAC) X Sistema de Amortização Francês (SAF)

Com o objetivo de comparar as duas metodologias aqui apresentadas, faremos, a seguir, um estudo conjunto a partir de uma situação hipotética.

➥ Principal: R$ 15.000,00

➥ Taxa de juros: 10% ao período

➥ Número de períodos: 10

1. *Cálculo da amortização para o SAC:*

$$A = \frac{15.000,00}{10} \Rightarrow R\$ \ 1.500,00$$

2. Cálculo da prestação para o SAF:

$$R = 15.000 \cdot \frac{(1 + 0,10)^{10} \cdot 0,10}{(1 + 0,10)^{10} - 1} \Rightarrow R\$\ 2.441,18$$

SAC					
PERÍODO	SALDO DEVEDOR	AMORTIZAÇÃO	JUROS	PRESTAÇÃO	SALDO ATUAL
0	–	–	–	–	15.000,00
1	16.500,00	1.500,00	1.500,00	**3.000,00**	13.500,00
2	14.850,00	1.500,00	1.350,00	**2.850,00**	12.000,00
3	13.200,00	1.500,00	1.200,00	**2.700,00**	10.500,00
4	11.550,00	1.500,00	1.050,00	**2.550,00**	9.000,00
5	9.900,00	1.500,00	900,00	**2.400,00**	7.500,00
6	8.250,00	1.500,00	750,00	**2.250,00**	6.000,00
7	6.600,00	1.500,00	600,00	**2.100,00**	4.500,00
8	4.950,00	1.500,00	450,00	**1.950,00**	3.000,00
9	3.300,00	1.500,00	300,00	**1.800,00**	1.500,00
10	1.650,00	1.500,00	150,00	**1.650,00**	0,00
Totalizações ⇒		15.000,00	8.250,00	23.250,00	

SAF					
PERÍODO	SALDO DEVEDOR	AMORTIZAÇÃO	JUROS	PRESTAÇÃO	SALDO ATUAL
0	–	–	–	. –	15.000,00
1	16.500,00	941,18	1.500,00	**2.441,18**	14.058,82
2	15.464,70	1.035,30	1.405,88	**2.441,18**	13.023,52
3	14.325,87	1.138,83	1.302,35	**2.441,18**	11.884,69
4	13.073,16	1.252,71	1.188,47	**2.441,18**	10.631,98
5	11.695,18	1.377,98	1.063,20	**2.441,18**	9.254,00
6	10.179,40	1.515,78	925,40	**2.441,18**	7.738,22
7	8.512,04	1.667,36	773,82	**2.441,18**	6.070,86
8	6.677,95	1.834,09	607,09	**2.441,18**	4.236,77
9	4.660,45	2.017,50	423,68	**2.441,18**	2.219,27
10	2.441,19	2.219,25	221,93	**2.441,18**	0,00
Totalizações ⇒		15.000,00	9.411,81	24.411,81	

Modelagem Matemática Aplicada aos Financiamentos ▼ **57**

Analisando as duas planilhas, podemos constatar que as prestações do SAC são maiores do que as do SAF no início do período, tornando-se menores no final. Evidentemente, existe um momento em que ocorre a igualdade dos pagamentos. Podemos calcular esse instante partindo do seguinte raciocínio:

Sendo:

$j = P.i.n$ (juros);

$$A = \frac{P}{n} \text{ (amortização)}$$

$R = A + j$ (prestação) temos:

$$R_1 = \frac{P}{n} + P.i.1$$

De fato:

$$R_1 = \frac{15.000}{10} + 15.000.0,10.1 \Rightarrow R\$ 3.000,00$$

Atentando para a planilha do SAC, notamos, a partir do $2^{\underline{o}}$ período, que as prestações apresentam valores aritmeticamente decrescentes; daí podemos expor em termos matemáticos:

$$R_2 = A + \{(j - [(1/n.P).i]\}$$

$$R_2 = \frac{P}{n} + \{P.i.1 - [(P/n).i]\}$$

$$R_2 = \frac{P}{n} + [P.i - (P.i/n)]$$

$$R_2 = \frac{P}{n} + \left[\frac{P.i.n - P.i}{n} \right]$$

$$R_2 = \frac{P}{n} + \left[\frac{P.i.(n-1)}{n} \right]$$

De fato:

$$R_2 = \frac{15.000}{10} + \left[\frac{15.000 \cdot 0,10 \cdot (10 - 1)}{10} \right] \Rightarrow R\$ 2.850,00$$

Podemos generalizar essa expressão da seguinte maneira:

$$\boxed{\mathbf{R_k = \frac{P}{n} + \frac{P \cdot i \cdot [n - (k - 1)]}{n}}} \tag{28}$$

onde k = período de análise.

Exemplo:

Calcule a prestação do SAC em relação ao 8° período.

$$R_k = \frac{P}{n} + \frac{P \cdot i \cdot [n - (k - 1)]}{n}$$

$$R_8 = \frac{15.000}{10} + \frac{15.000 \cdot 0,10 \cdot [10 - (8 - 1)]}{10}$$

$$R_8 = R\$ 1.950,00$$

Finalizando, vamos calcular o instante k onde a prestação do SAC se iguala à do SAF, ou seja, $R_{SAF} = R_{SAC}$. Como as prestações do SAF são constantes, no caso igual a R\$ 2.441,18, temos:

$$\frac{P}{n} + \frac{P \cdot i \, [n - (k - 1)]}{n} = 2.441,18$$

$$\frac{15.000}{10} + \frac{15.000 \cdot 0,10 \cdot [10 - (k - 1)]}{10}$$

$$15.000 + 1.500 \, (10 - k + 1) = 24.411,80$$

$$15.000 + 16.500 - 1.500k = 24.411,80$$

$$k = 4,73 \text{ períodos}$$

De fato,

$$R_{4,73} = \frac{15.000}{10} + \frac{15.000 \cdot 0{,}10 \cdot [10 - (4{,}73 - 1)]}{10}$$

$$R_{4,73} = R\$ 2.441{,}18$$

Considerações Finais sobre o SAC E O SAF

Existe um aspecto final em relação aos sistemas apresentados, o qual merece nossa especial atenção. Trata-se da possibilidade de existirem situações em que seja previsto um prazo de diferimento no que diz respeito ao pagamento das prestações. É importante notar que a carência se aplica à devolução do principal, e não aos juros incorridos. Na prática, podem surgir três hipóteses para esse pagamento:

➥ Os juros são pagos durante o prazo de diferimento.

➥ Os juros são capitalizados e pagos de uma só vez com a primeira prestação.

➥ Os juros capitalizados são incorporados à dívida e amortizados com principal.

A construção das planilhas financeiras só é modificada para adequar-se ao pagamento dos juros, permanecendo inalterada em relação ao pagamento do principal conforme já visto.

3.8 Considerações Finais

Finalizado este capítulo, o qual objetivou reforçar a importância do pleno domínio dos modelos de capitalização composta e sua eficácia quanto à capacidade de monitoramento dos financiamentos, passamos ao Capítulo 4, o qual pretende apresentar as principais ferramentas disponibilizadas pela Estatística e seu uso como elemento coadjuvante no processo empreendedorial de tomada de decisão.

Capítulo 4

FERRAMENTAS ESTATÍSTICAS NECESSÁRIAS AO EMPREENDEDOR

Objetivos do Capítulo

➤ *Iniciar a discussão sobre a importância da estatística descritiva e de seu papel enquanto instrumento coadjuvante no auxílio à tomada de decisão.*

➤ *Apresentar os principais conceitos da teoria probabilística, os parâmetros de uma distribuição de probabilidade: média e desvio-padrão e suas formas: discreta e contínua.*

➤ *Mostrar a possibilidade de aplicação da distribuição de probabilidade, em especial a distribuição normal, na resolução de problemas afetos à esfera empreendedorial.*

4.1 Introdução

Este capítulo pretende discorrer sobre alguns conceitos e metodologias de cálculo afetos à ciência Estatística. Acreditamos que as pessoas levam desvantagem competitiva se não estudarem os conceitos básicos de Estatística, principalmente aquelas que pretendem montar seu próprio negócio, tendo em vista a grande aplicabilidade da teoria à prática. Felizmente, o avanço tecnológico das calculadoras e dos computadores tornou os cálculos relativamente fáceis, o que permite dar maior ênfase a compreensão e interpretação dos resultados. Esse é o objetivo principal do presente capítulo.

Ressaltamos o fato de que resgataremos apenas alguns conceitos específicos que serão utilizados nos Capítulos 5 e 7, respectivamente, ao risco e retorno nos empreendimentos e a aplicação deles em um Estudo de Caso. Não temos a pretensão de esgotar um assunto tão vasto, como é o caso da Estatística, em um único capítulo. Sendo assim, recomendamos ao leitor que busque o aprofundamento dessa disciplina nos livros destinados a esse fim.

4.2 Definições

Estatística é um conjunto de métodos que visa planejar experimentos, obter dados, organizá-los, resumi-los, analisá-los, interpretá-los e, finalmente, extrair deles conclusões. Em Estatística utilizamos muito os termos população e amostra. Suas definições são as seguintes:

- ➥ **População**: é o conjunto completo de todos os elementos a serem estudados.
- ➥ **Amostra**: é um subconjunto de elementos extraídos de uma população.

Ferramentas Estatísticas Necessárias ao Empreendedor ▼ 63

Existe uma relação muito próxima entre os conceitos de população e amostra e os de parâmetro e estatística. Essas são as definições:

➡ **Parâmetro**: é uma medida numérica que descreve uma característica da população.

➡ **Estatística**: é uma medida numérica que descreve uma característica da amostra.

Exemplo:

Em uma pesquisa feita pelo *Data-Folha* com 2.467 pessoas, escolhidas aleatoriamente, 794 (ou 32,18%) disseram possuir forno de microondas em suas casas. Como a cifra de 32,18% se baseia em uma amostra e não em toda a população, trata-se de uma *estatística*. Outra pesquisa realizada entre os 697 professores da Fundação Armando Alvares Penteado (FAAP) mostrou que 671 (ou 96,27%) têm computadores em suas residências. A cifra de 96,27% é um *parâmetro*, pois se baseia em toda a população de professores.

Alguns conjuntos de dados, como, por exemplo, peso das pessoas, são expressos por números; outros não podem ser assim expressos. Citamos, como exemplo, a cor dos olhos. Utilizamos a nomenclatura de dados quantitativos e de dados qualitativos para distinguir essas duas classes de dados.

➡ **Dados quantitativos**: consistem em números que representam contagens ou medidas.

➡ **Dados qualitativos**: são caracterizados por alguma característica não numérica ou algum atributo.

As quantidades de açúcar na composição das diferentes marcas de refrigerante representam *dados quantitativos*, mas as diversas marcas desse produto existentes no mercado constituem *dados qualitativos*.

Podemos ainda descrever os dados quantitativos entre os tipos discreto e contínuo.

64 ▼ Matemática para Empreendedores

➥ **Dados discretos**: são aqueles expressos por um conjunto finito de valores possíveis ou de um conjunto enumerável desses valores. Citamos, como exemplo, o número de alunos existentes em uma sala de aula.

➥ **Dados contínuos**: são aqueles que podem assumir um número infinito ou aqueles que podem ser associados a pontos em uma escala continua sem lacunas ou interrupções. Como exemplo, citamos a altura das pessoas.

4.3 Medidas de Tendência Central: Média, Mediana e Moda

Para melhor entendermos este assunto, digamos que o proprietário de uma confeitaria esteja interessado nos resultados das vendas de pães de creme. Suponha que ele tenha observado os seguintes valores de vendas diárias desse produto em seu empreendimento durante um período de 9 dias:

$$45, 56, 43, 38, 52, 39, 45, 57, 48$$

4.3.1 Média Aritmética Simples

Os dados apresentados anteriormente, conforme definição, são quantitativos discretos. Seria interessante calcular a média desse conjunto. Para tanto, basta somarmos todos os números e dividirmos o resultado pela freqüência observada (número de dias = 9):

$$\frac{45 + 56 + 43 + 38 + 52 + 39 + 45 + 57 + 48}{9} = 47$$

Portanto, em média, venderam-se 47 pães de creme por dia.

Com base neste exemplo, podemos estabelecer uma fórmula geral para a média. Sejam n números x_1, x_2, x_3, ..., x_n. Utilizando o símbolo $\bar{x}$ para caracterizar média, temos:

$$\bar{x} = \frac{x_1 + x_2 + x_3 + ... + x_n}{n}$$

Podemos reescrever essa expressão da seguinte forma:

$$\bar{x} = \frac{\sum_{i=1}^{n} X_i}{n} \qquad (29)$$

o que indica que partimos de $i = 1$ e prosseguimos até $i = n$.

4.3.2 Média Aritmética Ponderada

Às vezes, associam-se os números x_1, x_2, x_3, ..., x_n a certos fatores de ponderação ou pesos f_1, f_2, f_3, ..., f_n que dependem do significado ou importância atribuída aos números. Nesse caso temos:

$$\bar{x} = \frac{x_1 \cdot f_1 + x_2 \cdot f_2 + x_3 \cdot f_3 + ... + x_n \cdot f_n}{f_1 + f_2 + f_3 + ... + f_n}$$

ou, ainda:

$$\bar{x} = \frac{\sum_{i=1}^{n} X_i F_i}{\sum_{i=1}^{n} F_i} \qquad (30)$$

Para ilustrar, assim ficaria o cálculo das vendas utilizando esse critério:

$$\bar{x} = \frac{45.2 + 56.1 + 43.1 + 38.1 + 52.1 + 39.1 + 45.1 + 57.1 + 48.1}{2 + 1 + 1 + 1 + 1 + 1 + 1 + 1} = 47$$

A média é, de modo geral, a mais importante de todas as mensurações numéricas, pois constitui ponto de equilíbrio entre os números. Um número representativo dos demais. A média é um exemplo de medida estatística. Uma medida estatística é um número utilizado para resumir as propriedades de um conjunto de números.

4.3.3 Mediana

Uma medida estatística interessante é a mediana. A mediana é o valor que divide a série observada no meio, ou seja, metade dos números está acima dela e a outra metade abaixo dela. Para o cálculo da mediana, em primeiro lugar, é necessário ordenar os dados observados. Em Estatística, quando os dados não se encontram ordenados são chamados dados brutos. Depois de terem sido ordenados, utilizando algum critério, dizemos que temos um rol. Segue-se o rol de valores de venda de pães de creme em ordem crescente:

38, 39, 43, 45, 45, 48, 52, 56, 57

O segundo passo é verificar se o número de elementos que compõe esse conjunto é par ou impar. Vamos analisar cada caso.

1) Se o número de elemento for impar, o elemento mediano será dado pela seguinte expressão:

$$E_m = \frac{n + 1}{2}$$

onde:

E_m = elemento mediano;

n = número de elementos do conjunto.

Exemplo:

X = {3, 5, 7, 9, 11, 13, 15, 17, 19}

$$E_m = \frac{9 + 1}{2} = 5$$

O valor 5 é a posição ocupada pelo elemento mediano que, em nosso exemplo, corresponde ao valor 11. Note que o número 11 divide o rol ao meio, ou seja, posicionam-se quatro números abaixo de 11 (3, 5, 7, 9) e quatro acima (13, 15, 17, 19).

Ferramentas Estatísticas Necessárias ao Empreendedor ▼ 67

2) Se o número de elemento for par, a mediana será dada pela média aritmética expressa por:

$$\frac{n}{2} \quad e \quad \frac{n + 2}{2}$$

Exemplo:

X = {1, 5, 9, 13, 17, 21, 25, 29}

$$E_m \frac{(n/2) + (n + 2/2)}{2} \Rightarrow \frac{(8/2) + (8 + 2/2)}{2} = 4,5$$

O valor **4,5** corresponde à posição do elemento mediano dentro desse rol. Sendo assim, a mediana corresponde à média aritmética entre os valores centrais 13 e 17, ou seja, [(13 + 17) / 2] = 15.

Qual seria a mediana relativa à venda de pães de creme?

38, 39, 43, 45, 45, 48, 52, 56, 57

n = 9 (impar)

$$E_m = \frac{9 + 1}{2} = 5 \quad \therefore \quad$$ é o valor que ocupa a quinta posição, ou seja, a mediana é 45.

4.3.4 Moda

Outra medida estatística útil é a moda. A moda é o valor que apresenta maior freqüência em relação ao rol, ou seja, é aquela que aparece mais vezes. Em nosso exemplo, a moda é 45, pois apareceu duas vezes. Se há mais de um valor nessas condições, todos eles serão chamados modas. Podemos ter duas modas em uma mesma distribuição (bimodal), várias modas (multimodal) ou nenhuma moda (amodal).

Muitas distribuições que surgem na prática são razoavelmente simétricas com a maioria dos valores concentrada próximo ao meio. Nesses casos, média, mediana e moda estão muito próximas uma das outras e podem apresentar idênticos valores.

4.4 Medidas de Dispersão: Variância e Desvio-padrão

Podemos entender dispersão como o grau de afastamento de um conjunto de números em relação à sua média. As medidas de dispersão ou variabilidade são importantes, pois conseguem captar eventuais oscilações, para cima ou para baixo, relativas à média.

4.4.1 Variância

Para que possamos entender o conceito de variância, vamos continuar analisando nosso empreendimento que produz confeitos.

Como vimos, a média diária de vendas é de 47 pães. Se nós vendêssemos todos os dias 47 pães, não haveria dispersão, pois não ocorreria oscilação nas vendas. Mas não é esse o caso. Vamos resgatar os números: 38, 39, 43, 45, 45, 48, 52, 56, 57.

Vamos calcular a distância de cada valor em relação à média encontrada:

x_i	$(x_i - \text{MÉDIA})$	$(x_i - \bar{x})$	$(x_i - \bar{x})^2$
38	$(38 - 47)$	-9	81
39	$(39 - 47)$	-8	64
43	$(43 - 47)$	-4	16
45	$(45 - 47)$	-2	4
45	$(45 - 47)$	-2	4
48	$(48 - 47)$	1	1
52	$(52 - 47)$	5	25
56	$(56 - 47)$	9	81
57	$(57 - 47)$	10	100
Σ		**0**	**376**

Ao somarmos algebricamente as distâncias encontradas, chegamos ao valor zero. Isso ocorre porque as distâncias entre a média e os valores, tomados em ambos os lados da média, tendem ao equilíbrio. Sendo assim, vamos elevar ao quadrado esses valores para tê-los positivos. Finalmente, vamos dividir o resultado da soma das distâncias ao quadrado pelo número de valores observados. Dessa forma, a variância encontrada é (376 / 9) = 41,78.

A variância é, em geral, simbolizada por σ^2 (sigma ao quadrado). Abreviaremos também a variância de x por VAR(X). A fórmula geral da variância é expressa por:

$$VAR(X) = \sigma^2 = \frac{(x_1 - \bar{x})^2 + (x_2 - \bar{x})^2 + (x_3 - \bar{x})^2 + ... + (x_n - \bar{x})^2}{n}$$

ou

$$VAR(X) = \sigma^2 = \frac{\sum_{i=1}^{n} (x_i - \bar{x})^2}{n} \tag{31}$$

4.4.2 Desvio-padrão

A variância, apesar de ser uma boa medida de dispersão, apresenta desvantagem relativa à interpretação do valor numérico encontrado. Uma variância de 41,78 representa uma grande ou uma pequena dispersão? Esse questionamento se deve, fundamentalmente, ao fato de que a variância é medida em uma unidade que é o quadrado da unidade de medida de x. Em nosso caso, temos uma variância de 41,78 pães de creme ao quadrado. Para resolvermos esse "problema", definimos desvio-padrão que nada mais é do que a raiz quadrada da variância.

Desvio-padrão de $x = \sigma = \sqrt{VAR(X)}$

$$\sigma = \sqrt{\frac{\sum_{i=1}^{n} (x_1 - \bar{x})^2}{n}} \tag{32}$$

No nosso exemplo, o desvio-padrão relativo às vendas de pães de creme é de 6,46 pães. Mas o que isso significa? De tudo o que foi exposto, podemos concluir, pelas informações das vendas diárias do produto exemplificado, que, na média, são vendidos 47 pães de creme por dia, apresentando oscilação (desvio-padrão) em torno de 6 pães. Sendo assim, do ponto de vista estatístico, a expectativa é a de que serão vendidos, no máximo, 53 pães (média + desvio) e, no mínimo, 41 pães (média – desvio) por dia.

4.4.3 Coeficiente de Variação

Apesar de o coeficiente de variação tratar-se de uma medida de dispersão relativa e não absoluta como a variância e o desvio-padrão, entendemos que a sua aplicação aos negócios é exeqüível. Essa medida de variação nada mais é do que um coeficiente entre o desvio-padrão de cada distribuição e sua respectiva média aritmética. Simbolicamente representado por:

$$CV = \frac{\sigma}{\overline{x}} \cdot 100 \qquad (33)$$

Exemplo:

Conforme vimos, a média de vendas diárias de pães de creme é de 47 unidades/dia com desvio-padrão de 6,46. Digamos que o proprietário da confeitaria esteja interessado em saber qual é a performance de venda desse produto em relação a outros ali vendidos. Hipoteticamente, imaginemos que foi feito o levantamento das vendas diárias das seguintes mercadorias:

Bolo de aniversário:

$\overline{x} = 5$ kg

$\sigma = 0,20$ kg

Rocambole de metro:

$\overline{x} = 12$ metros

$\sigma = 2,5$ metros

Percebemos que o cálculo do coeficiente de variação permite comparar produtos com unidades de medidas diferentes, pois no processo comparativo confrontaremos números puros.

$$CV_{pães} = \frac{6,46 \text{ unidades}}{47 \text{ unidades}} \cdot 100 \Rightarrow CV_{pães} = 13,74\%$$

$$CV_{bolo} = \frac{0,20 \text{ kg}}{5 \text{ kg}} \cdot 100 \Rightarrow CV_{bolo} = 4,00\%$$

$$CV_{rocambole} = \frac{2,5 \text{ metros}}{12 \text{ metros}} \cdot 100 \Rightarrow CV_{rocambole} = 20,83\%$$

A análise comparativa mostra que o produto bolo de aniversário tem melhor desempenho nas vendas, pois apresenta menor dispersão relativa quando comparada aos demais.

4.5 Teoria Elementar da Probabilidade

4.5.1 Introdução

Em todas as oportunidades em que estudamos algum fenômeno de observação, faz-se necessário distinguir o próprio fenômeno, bem como o modelo matemático (determinístico ou probabilístico) que melhor o explique. Os fenômenos estudados pela Estatística, mesmo mantidas as condições normais de experimentação, podem apresentar variações em seus resultados quando repetidos. Isso implica dificuldade quanto à previsão de seu resultado futuro.

Para a explicação desses fenômenos, ditos aleatórios, adotaremos um modelo matemático probabilístico. Historicamente, essa teoria surgiu por volta do século XVII, baseada principalmente nos jogos de azar, muito em voga na época, como a roleta e o jogo de cartas. Nesse caso, o modelo utilizado será o cálculo de probabilidades.

4.5.2 Caracterização de um Experimento Aleatório

Para que possamos compreender melhor o que vem a ser um experimento aleatório, vamos observar o que há de comum em relação aos seguintes experimentos:

E_1: jogar uma moeda 10 vezes e observar o número de caras obtidas.

E_2: retirar uma carta de um baralho com 52 cartas e observar seu "naipe".

E_3: sacar, com ou sem reposição, bolas de uma urna que contém 5 bolas brancas e 7 bolas pretas, observando a cor da bola retirada.

E_4: contar diariamente o número de peças defeituosas produzidas pela máquina "X", instalada na linha de produção de certo empreendimento.

Diante desses exemplos, podemos verificar que:

a) cada um dos experimentos citados poderão ser repetidos, sob as mesmas condições, indefinidamente;

b) embora não tenhamos certeza, antecipadamente, sobre quais resultados serão produzidos, podemos descrever todos os possíveis resultados (as possibilidades);

c) quando o experimento for repetido um grande número de vezes, surgirá um padrão, uma estabilidade do quociente f = s/n (freqüência relativa onde n é o número de repetições e s, o número de sucessos de um resultado específico estabelecido antes da realização).

4.5.3 Espaço Amostral

Dado um experimento aleatório E, o espaço amostral *(S)* pode ser definido como o conjunto de todos os possíveis resultados desse experimento.

Exemplo:

Consideremos os seguintes experimentos:

E_5: jogar duas moedas e observar o resultado

S = {(c,c), (k,k), (k,c), (c,k)}

onde:

c = coroa;

k = cara.

E_6: jogar um dado e observar a face de cima

S = {1, 2, 3, 4, 5, 6}

4.5.4 Evento

Um evento é um conjunto de resultados do experimento. Utilizando a linguagem da teoria dos conjuntos, podemos dizer que um evento é um subconjunto de S. Utilizando os exemplos citados anteriormente, temos:

E_5: jogar duas moedas e observar o resultado.

Seja "A" o evento: ocorrência de faces iguais, temos:

A = {(c,c), (k,k)}

onde:

S = {(c,c), (k,k), (k,c), (c,k)}

E_6: jogar um dado e observar a face de cima

Seja "B" o evento: ocorrência de número par, temos:

B = {2, 4, 6}

onde:

S = {1, 2, 3, 4, 5, 6}

4.5.5 Calculando Probabilidades

Do que foi exposto até aqui, percebemos que, para qualquer que seja o experimento aleatório observado, haverá sempre incerteza

74 ▼ Matemática para Empreendedores

quanto à ocorrência ou não do evento. Por outro lado, considerando também que todos os experimentos do espaço amostral (S) tenham a mesma chance de ocorrer, dizemos que os resultados são igualmente equiprováveis ou simétricos. Posto isto, definimos a probabilidade de ocorrência de um experimento qualquer (A) como um quociente em que o numerador é o número de elementos do subconjunto A e o denominador é o número de elementos do espaço amostral (S), desde que igualmente equiprováveis.

Logo:

$$P(A) = \frac{n(A)}{n(S)} \qquad (34)$$

onde:

n(A) = número de elementos do subconjunto A (evento)

n(S) = número de elementos do conjunto S (espaço amostral)

Vamos quantificar a proposta relativa ao experimento E_5, exemplificado no subitem anterior: jogar duas moedas e observar o resultado. Seja A o evento: ocorrência de faces iguais, calcular essa probabilidade.

A = {(c,c), (k,k)}   ∴   n(A) = 2

S = {(c,c), (k,k), (k,c), (c,k)}   ∴   n(S) = 4

$$P(A) = \frac{n(A)}{n(S)} \Rightarrow P(A) = \frac{2}{4} \therefore P(A) = 0,50 \text{ ou } 50\%$$

Exemplo:

Uma urna contém 5 bolas brancas, 3 pretas e 4 vermelhas. Retirando-se ao acaso uma bola, calcular qual a probabilidade de ser vermelha.

A = quantidade de bolas vermelhas   ∴   n(A) = 4

S = quantidade total de bolas   ∴   n(S) = 12

$$P(A) = \frac{n(\Lambda)}{n(S)} \Rightarrow P(A) = \frac{4}{12} \therefore P(A) = 0,333 \text{ ou } 33,33\%$$

Exemplo:

Um teste de múltipla escolha tem 5 alternativas possíveis para uma só correta. Respondendo a questão aleatoriamente, qual é a probabilidade de a resposta estar errada?

A = número de questões erradas $\therefore$ n(A) = 4

S = número de alternativas $\therefore$ n(S) = 5

$$P(A) = \frac{n(A)}{n(S)} \Rightarrow P(A) = \frac{4}{5} \therefore P(A) = 0,80 \ \text{ou} \ 80\%$$

4.5.6 Variáveis Aleatórias

Até este ponto, nos detivemos à definição de espaço amostral (S) e à associação de suas respectivas probabilidades aos experimentos aleatórios. Porém, na prática, é mais interessante associarmos um número a um evento aleatório e calcularmos a probabilidade da ocorrência desse número do que a probabilidade do evento. Digamos, por exemplo, que estejamos interessados em averiguar se as lâmpadas produzidas em uma linha de produção apresentam ou não defeitos de fabricação. Nesse exemplo, vamos classificar o resultado do experimento como lâmpadas perfeitas ou lâmpadas defeituosas.

Utilizando a idéia de variável aleatória (X), podemos atribuir valores numéricos a cada resultado do experimento, associando, por exemplo, o zero (X = 0) às lâmpadas defeituosas e o número um (X = 1) às lâmpadas perfeitas.

Vejamos outro exemplo: lançamos três moedas. Sendo c = coroa e k = cara, o espaço amostral desse experimento seria:

S = {(c,c,c),(c,c,k),(c,k,c),(c,k,k),(k,c,c),(k,c,k),(k,k,c),(k,k,k)} $\therefore$ n(S) = 8

Seja X: número de ocorrência da face coroa, podemos concluir que X pode assumir o valor zero somente quando ocorrer o evento (k, k, k), ou seja, não aparecimento de nenhuma coroa. Analogamente a essa idéia, podemos associar o número um ao aparecimento de uma coroa, o dois, à duas coroas, e o três, a três coroas. A tabela a seguir resume esse raciocínio.

X	EVENTO CORRESPONDENTE
0	$E_1 = \{(k, k, k)\}$
1	$E_2 = \{(c, k, k), (k, c, k), (k, k, c)\}$
2	$E_3 = \{(c, c, k), (c, k, c), (k, c, c)\}$
3	$E_4 = \{(c, c, c)\}$

Podemos também considerar que as probabilidades de X assumam um dos valores às probabilidades dos eventos:

$P(X = 0) - P(E_1) = 1/8$

$P(X = 1) = P(E_2) = 3/8$

$P(X = 2) = P(E_3) = 3/8$

$P(X = 3) = P(E_4) = 1/8$

Resumindo: variável aleatória é aquela cujos valores são obtidos por um experimento aleatório, aos quais podemos associar probabilidades. A soma das probabilidades de todos os valores que a variável pode assumir é igual a 1 (um), ou seja, 100% do espaço amostral. Finalizando, cabe ainda conceituar variável aleatória discreta e variável aleatória contínua.

➡ **Variável aleatória discreta**: é aquela que pode assumir apenas um número limitado de valores em qualquer escala de medida e é obtida mediante alguma forma de contagem.

Exemplos:

– número de funcionários admitidos para trabalhar em um negócio;

– quantidade de peças produzidas em uma linha de produção.

➡ **Variável aleatória contínua**: é aquela que, teoricamente, pode assumir qualquer valor numa escala de medida e resulta freqüentemente de uma medição. Exemplos:

– comprimento de um rolo de fio elétrico;

– peso de uma peça produzida.

4.5.7 Distribuição Discreta de Probabilidades

Se uma variável aleatória discreta X pode assumir os valores x_1, x_2, x_3, ..., x_n, com probabilidades respectivamente P_1, P_2, P_3, ..., P_n, sendo que $P_1 + P_2 + P_3 + ... + P_n = 1$, podemos dizer que está definida a distribuição de probabilidade de X, ou seja, $P(X = X_i) = f(X_i)$, onde $i = 1, 2, 3, ..., n$ e $f(X_i) \geq 0$.

$$\sum_{i=1}^{n} f(x_i) = 1 \qquad (35)$$

No exemplo precedente, assim ficaria a distribuição de probabilidades:

X	P(X)
0	1/8
1	3/8
2	3/8
3	1/8
Σ	1

Exemplo:

No lançamento de um dado, onde X = 1, 2, 3, 4, 5 e 6 são possíveis valores, assim ficaria a distribuição de probabilidades:

X	P(X)
0	1/6
1	1/6
2	1/6
3	1/6
4	1/6
5	1/6
6	1/6
Σ	1

4.5.7.1 Esperança Matemática

No contexto de distribuição de probabilidades de uma variável aleatória discreta, existem características numéricas importantes chamadas parâmetros da distribuição. Um primeiro parâmetro é a esperança matemática. Imagine a seguinte situação: um empreendedor abre um lava-rápido e garante aos clientes que, em caso de chuva, fará outra lavagem, gratuitamente. Sabendo-se que, historicamente, a cada 20 veículos lavados 1 retorna para o retrabalho e o valor cobrado de cada lavagem é de R$ 15,00, qual o ganho esperado por veículo lavado?

Resolução:

Se a cada 20 veículos 1 é lavado novamente, isso significa que o retrabalho é de 5% (1/20). Portanto, da receita de R$ 1.500,00 (100 veículos $\times$ R$15,00), deveremos subtrair a despesa de R$ 75,00 (5 veículos $\times$ R$ 15,00), obtendo o lucro de R$ 1.425,00, relativo aos 100 veículos lavados. Finalmente, dividindo a receita pela quantidade de veículos lavados temos, na média, um lucro de R$ 14,25 por veículo (R$ 1.425,00/100).

Retomando a idéia de variável aleatória, podemos associar a variável X a dois números: X = 15 para lucro e X = O para prejuízo. Denominando X: lucro por veículo e o lucro médio por veículo de E(X), temos:

$$E(X) = \frac{95 \cdot 15,00 - 5 \cdot 0,00}{100 \text{ carros}}$$

$$E(X) = \frac{95}{100} \cdot 15 - \frac{5}{100} \cdot 0$$

$$E(X) = 0,95 \cdot 15 - 0,05 \cdot 0$$

$$E(X) = 14,25$$

Podemos generalizar a expressão conforme segue:

$$E(X) = X_1 \cdot P(X_1) + X_2 \cdot P(X_2)$$

ou, ainda,

$$\sum_{i=1}^{n} X_i \cdot P(X_i) \tag{36}$$

Aplicando essa definição ao nosso empreendimento, temos:

X	P(X)	X . P(X)
15	0,95	14,25
0	0,05	0
Σ	1	14,25

Fica claro que a esperança matemática de uma distribuição de probabilidades constitui, portanto, média ponderada dessa distribuição. Em nível de notação, além de E(X), podemos adotar a letra grega μ para representá-la. Assim $E(X) = \mu_X$. Vamos calcular a esperança das distribuições exemplificadas:

X	P(X)	X . P(X)
0	1/8	0
1	3/8	3/8
2	3/8	6/8
3	1/8	3/8
Σ	1	12/8

$E(X) = 12/8 = 1,5 \Rightarrow$ ao lançar 3 moedas, na média, obtemos 1,5 coroas.

X	P(X)	X . P(X)
1	1/6	1/6
2	1/6	2/6
3	1/6	3/6
4	1/6	4/6
5	1/6	5/6
6	1/6	6/6
Σ	1	21/6

$E(X) = 21/6 = 3,5 \Rightarrow$ na jogada de um dado, o ponto médio é 3,5.

4.5.7.2 Variância

Vimos neste capítulo, que a variância é uma medida de variabilidade que mede o grau de dispersão ou concentração em torno da média. Essa medida se aplica também às distribuições de probabilidades, constituindo, dessa forma, outro parâmetro da distribuição.

Podemos defini-la como segue:

$$VAR(X) = \sum_{i=1}^{n}(X_i - \mu_x)^2 . P(X_i) \qquad (37)$$

Adotando o mesmo procedimento, por ocasião da explicação de variância, em relação aos exemplos citados anteriormente, teríamos:

Exemplo do lançamento de três moedas:

x_i	$P(X_i)$	$X_i . P(X_i)$	$(x_i - MÉDIA)$	$(x_i - \mu_x)$	$(x_i - \mu_x)^2$	$(x_i - \mu_x)^2 . P(X_i)$
0	1/8	0	$(0 - 1,5)$	$-1,5$	2,25	0,28
1	3/8	3/8	$(1 - 1,5)$	$-0,5$	0,25	0,09
2	3/8	6/8	$(2 - 1,5)$	0,5	0,25	0,09
3	1/8	3/8	$(3 - 1,5)$	1,5	2,25	0,28
Σ	1	1,5		0	5,00	0,74

Exemplo do lançamento de um dado:

x_i	$P(X_i)$	$X_i \cdot P(X_i)$	$(x_i - \text{MÉDIA})$	$(x_i - \mu_x)$	$(x_i - \mu_x)^2$	$(x_i - \mu_x)^2 \cdot P(X_i)$
1	1/6	1/6	(1 – 3,5)	–2,5	6,25	1,04
2	1/6	2/6	(2 – 3,5)	–1,5	2,25	0,38
3	1/6	3/6	(3 – 3,5)	–0,5	0,25	0,04
4	1/6	4/6	(4 – 3,5)	0,5	0,25	0,04
5	1/6	5/6	(5 – 3,5)	1,5	2,25	0,38
6	1/6	6/6	(6 – 3,5)	2,5	6,25	1,04
Σ	1	3,5			17,50	2,92

Com base nos resultados apurados, concluímos que existe maior dispersão no experimento de lançamento de um dado do que no experimento de lançamento de três moedas, visto que a variância para o primeiro exemplo foi maior do que para o segundo. Esse fato pode melhor ser observado a partir do exame dos gráficos correspondentes a essas distribuições:

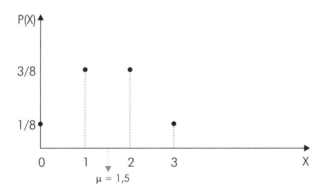

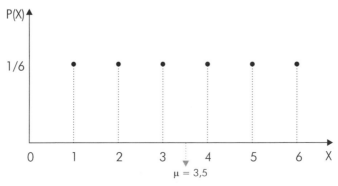

82 ▼ Matemática para Empreendedores

Posto isto, concluímos que quanto menor a variância, menor o grau de dispersão de probabilidade em torno da média. Em contrapartida, quanto maior a variância, maior o grau de dispersão da probabilidade em torno da média.

4.5.7.3 Desvio-padrão

Conforme visto, a variância é um quadrado, o que torna a interpretação de seu resultado um tanto "confusa". Assim, por definição, o desvio-padrão será a raiz quadrada da variância.

Desvio-padrão $\sigma_x = \sqrt{VAR(X)}$

ou, ainda,

$$\sigma_x = \sqrt{\sum_{i=1}^{n}(X_i - \mu_x)^2 . P(X_i)} \tag{38}$$

4.5.8 Distribuição Contínua de Probabilidades (Distribuição Normal)

Estudamos o conceito de variável aleatória como uma variável que toma um valor numérico único (determinado pela chance) para cada resultado de um dado experimento. Vimos que uma distribuição de probabilidade dá a probabilidade de cada valor da variável aleatória.

Observamos também que variáveis aleatórias discretas têm um número finito de valores possíveis. O número de livros produzidos em um dia pela Editora DVS é um exemplo de uma distribuição discreta. Há também não poucas distribuições contínuas de probabilidade, como os pesos dos livros produzidos. As distribuições são discretas ou contínuas e podem ser descritas pela sua forma, como, por exemplo, forma de sino. As distribuições normais são extremamente importantes, porque ocorrem com grande freqüência nas aplicações. Altura das mulheres, pesos dos homens e notas de um teste aplicado na faculdade são apenas alguns exemplos de populações distribuídas normalmente.

Para os propósitos deste livro, vamos direto à seguinte explicação:

Uma variável aleatória contínua tem distribuição normal se essa distribuição é simétrica e apresenta a forma de um sino, conforme a figura a seguir:

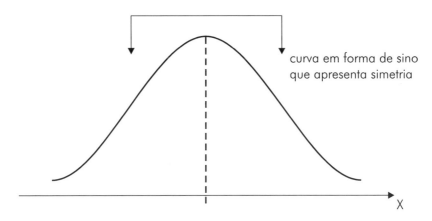

curva em forma de sino que apresenta simetria

A distribuição ajusta-se à equação dada na fórmula:

$$y = \frac{e^{-1/2((x-\mu)/\sigma)2}}{\sigma (2\pi)^{1/2}}$$

O que a fórmula mostra é que qualquer distribuição normal é determinada por dois parâmetros: média (μ) e desvio-padrão (σ). Fornecidos os valores específicos para μ e σ, podemos construir o gráfico da fórmula apresentada anteriormente como o faríamos para qualquer equação, relacionando x e y. O resultado é uma distribuição de probabilidade com a forma de um sino.

4.5.8.1 Distribuição Uniforme

Iniciamos este subitem utilizando uma distribuição de probabilidade contínua para ilustrar uma importante correspondência entre área e probabilidade.

Suponhamos que um estatístico esteja envolvido em um estudo econômico objetivando averiguar a trajetória da taxa mensal de inflação em certa cidade. A figura a seguir mostra a distribuição de probabilidade para as taxas. O estatístico está interessado, em particular, no intervalo entre 0% (sem inflação) e 5% (inflação máxima suportada), com todos os valores igualmente prováveis. É tal a freqüência com que ocorre esse tipo particular de distribuição que lhe foi dado o nome de distribuição uniforme.

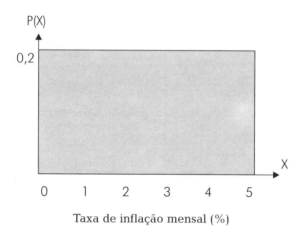

Taxa de inflação mensal (%)

Definição: uma distribuição uniforme é uma distribuição de probabilidade em que todos os valores da variável aleatória são igualmente prováveis.

São identificadas duas condições para uma distribuição de probabilidade para todos os valores de X:

a) $\Sigma\ P(X) = 1$

b) $0 \leq P(X) \leq 1$

O gráfico de uma distribuição contínua de probabilidade é chamado de **curva de densidade** e deve verificar duas propriedades análogas às condições para as distribuições discretas de probabilidade. São elas:

⇒ A área total sob a curva deve ser 1.

⇒ Todo ponto da curva deve ter uma altura vertical não inferior a 0.

Observamos que foi fixada em 0,2 a altura do retângulo, para satisfazer a primeira propriedade (5. 0,2 = 1). Essa propriedade (área = 1) facilita a resolução dos problemas de probabilidade. Imagine que desejássemos averiguar, em relação ao estudo econômico em questão, qual seria a probabilidade de escolha aleatória de um valor que ficasse entre 1% e 4% ao mês. Para tanto, basta calcular a área desse intervalo, notando que a área sob a curva corresponde à probabilidade. No caso, a resposta é 0,60 (3 . 0,2) — *área sombreada*.

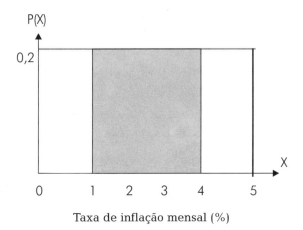

Taxa de inflação mensal (%)

No caso da distribuição uniforme, a curva de densidade dá origem a um retângulo, o que facilita os cálculos, pois a área dessa figura é determinada multiplicando-se a largura pela altura. A curva de densidade de uma distribuição normal tem a forma mais complicada de um sino, conforme vimos, de modo que é mais difícil calcular a área, mas o princípio básico é o mesmo: há uma correspondência entre área e probabilidade.

4.5.8.2 Distribuição Normal Padronizada

A distribuição normal padronizada trata-se de uma distribuição normal que apresenta, em particular, média igual a zero ($\mu = 0$) e desvio-padrão igual a um ($\sigma = 1$).

Se tivéssemos a necessidade de fazer cálculos utilizando a expressão

$$y = \frac{e^{-1/2((x-\mu)/\sigma)^2}}{(2\pi)^{1/2}},$$ nossa tarefa seria simplificada se utilizássemos ($\mu = 0$) e ($\sigma = 1$)

Sabendo-se que a área total sob a curva é sempre igual a 1, foram calculadas e tabeladas áreas sobre a curva. Esse fato permite estabelecer a correspondência entre área e probabilidade, como foi feito no exemplo abordado com a distribuição uniforme.

Vamos retomar a situação do estatístico e de seu trabalho econômico.

Digamos que o estatístico tenha adotado em seu estudo uma metodologia de pesquisa para averiguar as oscilações de preços em relação a vários produtos. Verificou que, apesar de alguns itens terem apresentado aumento de preço (inflação), outros apresentaram diminuição (deflação). Constatou, porém, que, na média, a maioria dos produtos não sofreu oscilação de preço ($\mu = 0$) e também que o desvio-padrão da pesquisa foi 1 ($\sigma = 1$). Admitindo que a distribuição de freqüência dos erros se assemelha a uma distribuição normal, escolhido um produto aleatoriamente, determine a probabilidade de que ele apresente inflação de 0,8%.

O fato de termos um produto com inflação igual a 0,8% implica que está entre zero e +0,8%.

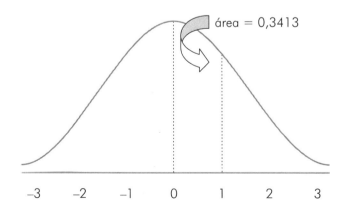

A figura mencionada mostra que a área delimitada pela curva, pelo eixo horizontal e pelos valores 0 e 1 é igual a 0,3413. Embora a figura mostre apenas uma área, existe uma tabela denominada Distribuição Normal Padronizada (z), a qual inclui áreas (ou probabilidades) para muitas regiões. Consultando a referida tabela, chegamos ao valor de 0,2881, ou seja, a probabilidade de encontrarmos um produto nas condições citadas é de 28,81%.

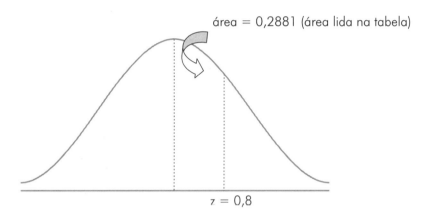

Ressaltamos uma vez mais que não estamos nos atendo às minúcias da Estatística. A tabela citada pode ser encontrada em qualquer livro dessa disciplina.

4.5.8.3 Distribuição Normal Não Padronizada

Embora tenhamos discutido métodos importantes para lidar com distribuições normais, os exemplos apresentados não são realistas, haja vista que a maioria das populações distribuídas normalmente tem média diferente de zero, desvio-padrão diferente de 1 ou ambos. Para padronizar casos não padronizados, aplicamos a fórmula:

$$Z = \frac{x - \mu}{\sigma} \tag{39}$$

Devemos ressaltar o importante princípio inerente a essa teoria: a área delimitada por um valor e pela média populacional é a mesma área delimitada pelo escore z correspondente e pela média zero. Uma vez feita a conversão de um valor não padronizado em um escore z, podemos utilizar a Distribuição Normal Padronizada (z) analogamente à abordagem feita no subitem anterior. Posto isto, recomendamos o seguinte processo para encontrar probabilidades de valores de uma variável aleatória com distribuição de probabilidade normal:

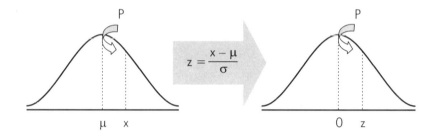

Para que possamos operacionalizar o esquema proposto anteriormente, devemos observar os seguintes passos:

1º) Traçamos uma curva normal, assinalando a média e outros valores de interesse e demarcando a região que representa a probabilidade desejada.

2º) Para cada valor X fronteira da região demarcada, aplicamos a fórmula (39) para achar o escore z correspondente.

3º) Utilizamos a tabela de Distribuição Normal Padronizada (z) para achar a área da região demarcada. Essa área é a probabilidade desejada.

Exemplo:

Em um estudo realizado sobre a altura dos alunos da Fundação Armando Alvares Penteado (FAAP) constatou-se média e desvio-padrão, respectivamente, com valores 1,72 m e 5 cm. Admitindo distribuição normal, determine:

a) porcentagem dos alunos com altura entre 1,57 m e 1,87 m;

b) porcentagem dos alunos com altura acima de 1,90 m.

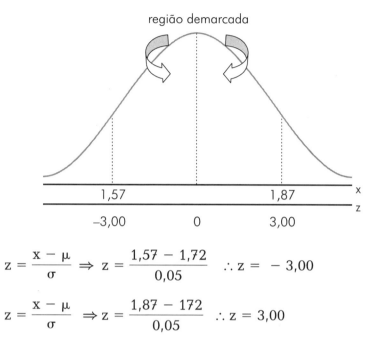

$$z = \frac{x - \mu}{\sigma} \Rightarrow z = \frac{1,57 - 1,72}{0,05} \therefore z = -3,00$$

$$z = \frac{x - \mu}{\sigma} \Rightarrow z = \frac{1,87 - 172}{0,05} \therefore z = 3,00$$

Utilizando a tabela de Distribuição Normal Padronizada, encontramos o valor 0,4987 (z = −3) e 0,4987 (z = 3). Somando as duas áreas, temos 0,9974, ou seja, a probabilidade de que um aluno tenha altura entre 1,57 m e 1,87 m é de 99,74%.

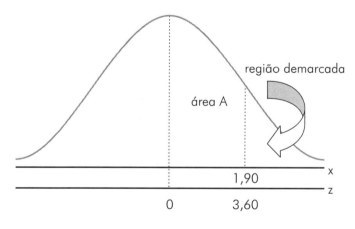

$$z = \frac{x - \mu}{\sigma} \Rightarrow z = \frac{1,90 - 172}{0,05} \therefore z = 3,60$$

Utilizando a tabela de Distribuição Normal Padronizada, encontramos o valor 0,4999 (z ≥ 3,1). Como a área total sob a curva deve ser 1, a região demarcada será encontrada pela diferença entre a metade da curva menos a área A (0,5 – 0,4999). Sendo assim, a probabilidade de que um aluno tenha altura acima de 1,90 m é de 1%.

Exemplo:

Um empreendimento ocupa-se da montagem e venda de monitores para computadores. Admitindo que os prazos de substituição desses aparelhos tenham distribuição normal com média de 8,2 anos e desvio-padrão de 1,1 ano, determine a probabilidade de um monitor selecionado aleatoriamente acusar um tempo de substituição inferior a 7,0 anos.

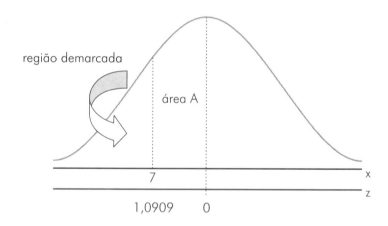

$$z = \frac{x - \mu}{\sigma} \Rightarrow z = \frac{7 - 8{,}2}{1{,}1} \therefore z = 1{,}0909$$

Utilizando a tabela de Distribuição Normal Padronizada, encontramos o valor 0,3621 (z = 1,0909). Assim sendo, a região demarcada será encontrada pela diferença entre (0,5 – 0,3621), ou seja, a probabilidade de um monitor de computador acusar um tempo de substituição inferior a 7,0 anos é de 13,79%.

4.6 Considerações Finais

Feita a apresentação dos principais conceitos estatísticos, entendemos ser oportuno direcionarmos estes estudos a aplicação prática, em especial, à quantificação de risco e retorno em empreendimentos. Esse assunto será objeto de discussão do próximo capítulo.

Capítulo 5

MENSURANDO RISCO E RETORNO NOS EMPREENDIMENTOS

Objetivos do Capítulo

➤ *Conceituar risco e retorno e mostrar sua relação com os projetos de investimento.*

➤ *Apresentar as ferramentas estatísticas e sua aplicação ao processo de tomada de decisão.*

➤ *Verificar a exeqüibilidade da minimização do risco em projetos financeiros.*

5.1 Introdução

O ambiente competitivo em que os negócios estão operando está se tornando cada vez mais complexo e incerto em virtude da globalização das atividades e da rápida introdução de novas tecnologias. O empreendedor deve ficar cada vez mais atento, pois a maioria das decisões empresariais são tomadas sem um completo conhecimento sobre o futuro. Quando se apresenta um novo produto, por exemplo, há incertezas quanto ao seu mercado potencial, às tecnologias concorrentes que poderão surgir no futuro, aos custos de desenvolvimento e ao preço que o produto poderá atingir no mercado.

Diante desse quadro de incertezas e da necessidade de estimação do risco e do retorno envolvidos é que desenvolveremos este capítulo. Procuraremos estabelecer o conceito de risco e seus principais tipos, bem como destacar as grandezas que permitem mensurá-lo, visando dar-lhe um aspecto quantitativo.

5.2 Conceito de Risco

Apesar de existirem definições formais sobre risco, é interessante observar a dificuldade de estabelecer sua exata conceituação, na medida em que situações de pouco risco para alguns podem não ser para outros e vice-versa. No entanto, é exatamente essa diferente postura em relação ao risco que propicia a ocorrência de negócios na economia.

Se todos avaliassem cada risco da mesma maneira, muitas oportunidades arriscadas seriam perdidas. Pessoas descuidadas atribuem grande utilidade à baixa probabilidade de ganhos enormes e baixa utilidade à probabilidade de maior perda. Outras atribuem pouca utilidade à probabilidade de ganho, porque seu objetivo principal é preservar o capital.

Para que possamos iniciar nossa discussão, devemos definir risco, que, em seu sentido pleno, é a possibilidade de prejuízo financeiro ou a variabilidade dos resultados operacionais do negócio, condicionados à natureza dos projetos de investimento executados. Do ponto de vista estatístico, podemos entender risco como o grau de incerteza a respeito de um evento.

Note-se que a idéia central dessa premissa está situada, em essência, na condicionante, ou seja, na variabilidade, na possibilidade de ocorrência do fato em estudo. Um empreendimento será considerado arriscado sempre que seu retorno não puder ser previsto com certeza.

A partir dessas idéias, se faz mister a inserção, nesta discussão, da necessidade de estimação do risco. Devemos tratar a questão do ponto de vista estatístico. Podemos entender que o risco pode ser encarado como a probabilidade de ocorrerem, ou não, **eventos prédeterminados**. Essa abordagem, bastante interessante, é que passamos a examinar.

5.3 Risco Definido como uma Probabilidade

Do ponto de vista prático, quando desejamos chegar a um objetivo prefixado, fica claro que podemos ou não concretizar essa empreita. Sob a ótica estatística, ao evento relacionado à concretização do objetivo está associado o sucesso. Por outro lado, ao evento relacionado à não-realização do objetivo está associado o fracasso.

Podemos abordar essas questões dando-lhes uma conotação matemática. Sucessos e fracassos constituem uma partição do conjunto dos resultados que podem ocorrer quando tentamos atingir nossos objetivos. Posto isto, definiremos risco como a probabilidade de ocorrer fracassos.

Utilizando a simbologia, temos:

Sendo U o conjunto de resultados, S o conjunto de sucessos e F o conjunto de fracassos, com $F \cup S = U$ e $F \cap S = \emptyset$, então a definição formal de risco será:

$$RISCO = P(F)$$

onde:

P(U) = Probabilidade de ocorrência ou não dos objetivos prefixados;

P(S) = Probabilidade de ocorrência dos objetivos prefixados;

P(F) = Probabilidade de não-ocorrência dos objetivos prefixados.

Como a soma das probabilidades de sucessos e fracassos é 1, temos:

$$P(S) + P(F) = 1 \quad \Leftrightarrow \quad risco = 1 - P(S)$$

5.4 Risco Definido como Desvio-Padrão

Vimos no Capítulo 4 que variável aleatória é aquela cujos valores são obtidos por um experimento aleatório e aos quais podemos associar probabilidades. Dentro desse enfoque, podemos aprofundar nossa análise na questão da quantificação do risco, vinculando cada variável aleatória à sua respectiva probabilidade de ocorrência, processando a distribuição de probabilidades e calculando a média, por meio da esperança matemática, bem como seu desvio-padrão. A base dessa idéia é a seguinte:

EVENTOS QUE PODEM OCORRER (E)	VARIÁVEL OBJETIVO (ALEATÓRIA) (X)	PROBABILIDADE DE OCORRÊNCIA DO EVENTO P(X)
E_1	X_1	$P(X_1)$
E_2	X_2	$P(X_2)$
E_3	X_3	$P(X_3)$
.	.	.
.	.	.
.	.	.
E_n	X_n	$P(X_n)$

É evidente que a estimativa de probabilidades de ocorrência de determinadas situações futuras se reveste de aspectos difíceis de ser analisados e, principalmente, quantificados. A própria recorrência à análise histórica do comportamento passado dos eventos em questão será, nesse caso, um indicador que pode não ser muito representativo para possível extrapolação de tendências.

Podemos calcular a esperança matemática da distribuição de probabilidades por meio da sentença (36) estudada no Capítulo 4:

$$\mathbf{E(X)} = \mu_X = \sum_{i=1}^{n} \mathbf{X_i . P(X_i)}$$

onde:

E(X) = Esperança matemática ou média (μx)

X_i = Variável aleatória

$P(X_i)$ = Probabilidade de ocorrência da variável em questão

Ressaltamos que a esperança matemática de X é uma média ponderada de todos os valores possíveis de X. O peso, ou a ponderação, de cada valor é igual à probabilidade de X tomar esse valor. Quando calculamos a esperança de uma distribuição, estamos, na verdade, calculando a média dessa distribuição. Assim sendo, fica a questão: será essa média uma boa representação? Para responder à questão, do ponto de vista matemático, devemos calcular a dispersão em torno dessa média. O cálculo da dispersão em torno da média de uma distribuição de probabilidades é dado pelo cálculo da variância de uma variável aleatória X, cujos valores possíveis sejam: x_1, x_2, ..., x_n, e cuja função de probabilidade seja $f(x)$. Vimos que seu cálculo pode ser feito por meio da expressão (37):

$$\mathbf{VAR(X)} = \sigma^2 = \sum_{i=1}^{n} \mathbf{(X_i - \mu_x)^2 . P(X_i)}$$

No capítulo anterior, vimos que a variância é uma medida de dispersão da variável aleatória em torno da sua média; ela indica, quão distante da média estará o valor da variável aleatória. A raiz quadrada positiva da variância, conforme vimos, é chamada desvio-padrão, expresso pela fórmula (38):

$$\sigma_x = \sqrt{\sum_{i=1}^{n} (X_i - \mu_x)^2 \cdot P(X_i)}$$

Podemos estender nosso raciocínio partindo do princípio de que, dada uma distribuição de probabilidades de uma variável aleatória meta, a decisão será tomada com base na média da distribuição. Ao tomarmos uma decisão, levando em consideração o valor médio da distribuição, estamos correndo o risco de que essa média não seja representativa da distribuição. Esse risco é o desvio-padrão da variável meta.

Assim, temos:

RISCO = σx

Assim, fica evidenciado que, quanto menor o desvio σx, maior será a concentração dos valores da distribuição em torno da média, implicando, desse modo, melhor representatividade dessa média em relação à distribuição. Evidentemente, a recíproca é verdadeira.

Do ponto de vista financeiro, dada uma distribuição de probabilidades [X, P(X)], ao calcularmos a média (μx) e o desvio (σx) estamos, na verdade, calculando o risco associado à decisão com base na média.

A respeito do uso do desvio-padrão como medida de risco, podemos dizer que, embora o risco possa ser determinado por meio da variabilidade ou da dispersão dos resultados em torno de um valor esperado, alguns empreendedores podem interpretar ou acreditar que o risco esteja presente somente quando os resultados estiverem abaixo do valor esperado, na medida em que só os retornos abaixo desse valor são negativos. Uma abordagem mais inteligente é interpretar o risco como determinado pela variabilidade em ambos os lados do valor esperado. Quanto maior for essa variabilidade, maior cautela deveremos ter quanto aos resultados associados ao investimento.

5.5 Efeito do Risco sobre a Taxa de Juros

As taxas de juros podem ser afetadas por vários tipos de risco, tais como inflação, não-pagamento, atrasos em pagamentos e outros. Evidentemente, a incerteza sobre o retorno de determinado investimento constitui grande preocupação para quem realiza esse investimento.

Em termos racionais, não podemos admitir que alguém corra um elevado nível de risco sem esperar, proporcionalmente, uma taxa de lucratividade sensivelmente superior à taxa de juros pura, ou seja, a taxa de retorno **livre de risco**. É importante ressaltar que um empreendedor somente estará disposto a enfrentar riscos se a possibilidade de altos retornos for aguardada. Ou, de maneira inversa, um alto retorno só pode ser justificado, logicamente, se o investimento estiver envolto em alto grau de risco e incerteza.

5.5.1 Tipos de Risco

O risco total de um investimento pode ser separado em dois componentes distintos: risco sistemático e risco não sistemático. Esses tipos de risco podem ser conceituados da seguinte maneira:

- ➡ **Risco sistemático:** tem origem nas flutuações a que está sujeito o sistema econômico como um todo.
- ➡ **Risco não sistemático:** parcela do risco total que é característica de um empreendimento ou de um setor ou ramo de atividade.

Assim, podemos montar a seguinte equação com as duas parcelas de risco:

Risco total = risco não sistemático + risco sistemático

Com base nessa classificação, podemos citar, resumidamente, as seguintes fontes de cada um dos riscos:

Fontes do risco sistemático:

➡ **Risco em relação à taxa de juros:** a taxa de juros é referencial para o cálculo do valor presente líquido dos fluxos de caixa previstos, avaliando-se, em seguida, o prêmio pelo risco oferecido pelo projeto de empreendimento.

Posto isto, concluímos que variações nas taxas de juros implicam variações desses valores, alterando, portanto, os retornos líquidos, ou seja, o prêmio pelo risco dos projetos analisados.

Reservaremos o Capítulo 6 para conceituar e apresentar o cálculo do valor presente líquido (VPL), entre outras ferramentas disponibilizadas pela Engenharia Econômica.

➡ **Risco relativo ao poder de compra:** de maneira geral, os ativos que oferecem retornos relativamente baixos, como, por exemplo, as cadernetas de poupança, são mais vulneráveis a um processo inflacionário, ou seja, ao risco relativo ao poder de compra da moeda. Se ocorrer uma inflação cuja taxa seja mais elevada do que a remuneração oferecida pelo investimento, emerge a "taxa negativa".

➡ **Risco de mercado:** esse risco é ponderado, uma vez que qualquer flutuação no mercado secundário terá impacto em relação a todo o mercado financeiro e, por extensão, às taxas de retornos dos ativos negociados. É importante ponderar que o risco de variação das cotações dos mercados de ações pode levar uma desconfiança à comunidade de negócios e influenciar as decisões de empresários em seus empreendimentos.

➡ **Risco financeiro:** este risco está vinculado à probabilidade do negócio vir a tornar-se insolvente por fatores como alto endividamento, falta de liquidez, obsolescência dos produtos, volatilidade das vendas etc.

➡ **Risco de administração:** este tipo de risco tenta captar a possibilidade de problemas relacionados à gestão da empresa, ou seja, à incompetência, à inabilidade e até mesmo à desonestidade dos administradores em suas ações no contexto empresarial.

➡ **Risco do setor:** este risco está intrinsecamente relacionado ao risco específico do setor no qual a empresa está inserida, tais como desabastecimento de matéria-prima, greves setoriais etc.

5.5.2 Fórmula de Fisher

Um dos principais tipos de risco a que estamos sujeitos em finanças é a inflação. Esse fenômeno econômico, caracterizado pelo crescimento do nível geral dos preços dos bens e serviços, implica a ilusão monetária em relação às práticas financeiras. As principais formas de inflação são:

➡ **Inflação de custo:** é caracterizada pelo aumento nos custos de produção sem o correspondente aumento na produtividade.

➡ **Inflação de demanda:** caracteriza-se pela baixa oferta em relação à demanda, gerando, dessa maneira, uma pressão nos preços em virtude da corrida do consumidor aos mercados;

➡ **Inflação inercial:** tem como principal característica um aumento nos preços por conta de uma expectativa de inflação futura. Também é conhecida como inflação psicológica. Suas principais conseqüências são: decréscimo do poder aquisitivo, transferência de renda, imprevisibilidade financeira e taxas de rentabilidade ilusórias.

Como esse processo afeta sobremaneira as taxas de juros, é lógico presumir que devemos aumentá-las para repassarmos o risco imposto pela inflação sem perder a competitividade necessária à taxa de juros em relação ao mercado financeiro.

Para entendermos melhor o impacto da taxa de inflação em relação à taxa de juros de uma aplicação, vamos imaginar a seguinte situação: um capital P foi aplicado a uma taxa nominal i durante um período de tempo n. Esquematicamente, teríamos:

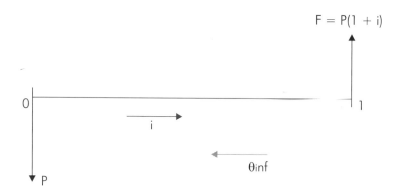

Imaginando que essa operação ocorra em um ambiente inflacionário, é lógico deduzir que, enquanto o *valor nominal* de P aumenta em função de i (taxa de juros), seu *valor real* diminui em função de θ_{inf} (taxa de inflação). Em outras palavras, à medida que P é capitalizado à razão de i, por causa da inflação, P é descapitalizado à razão de θ_{inf}. Assim, para preservar o valor real de P, de modo que ele tenha, na data 1, o mesmo poder aquisitivo que tinha na data 0, devemos capitalizá-lo à luz de uma taxa r (taxa real), que compense a perda imposta pela inflação θ_{inf}. Expressando o raciocínio em termos matemáticos, teríamos:

$$\boxed{1 + i = (1 + \theta_{inf}) \cdot (1 + r)} \qquad (40)$$

Esta expressão é chamada Fórmula de Fisher. Observamos, ainda, que podemos ter três situações relativas à taxa nominal i em relação à taxa de inflação θ_{inf}:

$i > \theta_{inf} \Leftrightarrow r > 0$ (taxa real positiva)

$i < \theta_{inf} \Leftrightarrow r < 0$ (taxa real negativa)

$i = \theta_{inf} \Leftrightarrow r = 0$ (taxa real nula)

Podemos estender o raciocínio em relação ao uso da Fórmula de Fisher, assumindo, por hipótese, a existência de outras variáveis de risco para a análise matemática.

Consideremos um capital P, que esteja sujeito a um conjunto de riscos independentes, indicados por θ_1, θ_2, θ_3, ..., θ_k,

onde:

θ_1 = risco do tipo 1;

θ_2 = risco do tipo 2;

θ_3 = risco do tipo 3;

θ_k = risco do tipo k.

Se todas as variáveis de risco envolvidas na operação pudessem estar na mesma unidade de tempo n e pudessem ser quantificadas por meio de suas respectivas taxas θ, teríamos a Fórmula de Fisher Generalizada, que assim seria expressa:

$$1 + i = (1 + \theta_1) \cdot (1 + \theta_2) \cdot (1 + \theta_3) \cdot \ldots \cdot (1 + \theta_k) \cdot (1 + r) \qquad (41)$$

Note-se que o objetivo fundamental da fórmula é obter a taxa efetiva i, de tal sorte que, expurgados os riscos envolvidos (θ), obtemos a remuneração r.

Exemplo:

Um microempresário apurou que seu negócio obteve uma rentabilidade efetiva de 10% ao período em um dado período de tempo. No mesmo período, a taxa de inflação foi de 18%. Determine a taxa real propiciada pelo empreendimento.

Tomando-se por base a Fórmula de Fisher Generalizada, expressão (41), decorre:

$$(1 + i) = (1 + \theta_1) \cdot (1 + \theta_2) \cdot (1 + \theta_3) \cdot \ldots \cdot (1 + \theta_k) \cdot (1 + r)$$

onde:

$i = 10\%$ a.p. (efetiva);

$\theta_1 = \theta = 18\%$ a.p. (inflação);

$\theta_2 = \theta_3 = \ldots = \theta_k = 0$ (demais riscos).

Logo:

$(1 + i) = (1 + \theta) \cdot (1 + r)$ (Fórmula de Fisher)

Portanto,

$$1 + r = \frac{1 + i}{1 + \theta}$$

$$1 + r = \frac{1 + 0,10}{1 + 0,18} \Rightarrow 1 + r = 0,9322 \quad \therefore \ -6,78\% \text{ a.p.}$$

5.6 O Modelo de Markowitz

5.6.1 Covariância e Correlação

As estimativas de variância e desvio-padrão medem a variabilidade de variáveis individuais. Desejamos agora examinar como é possível medir a relação entre a taxa de retorno de um ativo e o retorno de outro. Para tornar nossa análise mais precisa, necessitamos de uma medida estatística que possa mensurar a relação entre duas variáveis. Surgem, então, a covariância e a correlação.

A covariância e a correlação representam maneiras de medir se duas variáveis estão associadas e de que maneira.

O valor que mede o grau de dependência entre duas variáveis aleatórias, X e Y, *não independentes*, chama-se *covariância*. Se X e Y estão estreitamente relacionadas, o conhecimento do valor de X nos diz muito sobre o valor de Y.

Se o relacionamento entre as variáveis for fraco, o conhecimento do valor de X será de pouca valia para predizer o valor de Y. Se as duas variáveis aleatórias forem independentes, a covariância será zero. A covariância pode ser calculada por meio da seguinte fórmula:

$$\textbf{COV (X,Y) = E [[X} - \textbf{E(X)] . [Y} - \textbf{E(Y)]]} \tag{42}$$

A correlação é uma grandeza análoga à covariância, com a diferença que ela está sempre entre –1 e 1. Se as duas variáveis forem independentes, a correlação será zero. Se o coeficiente de correlação for positivo, quando X crescer, o mesmo ocorrerá com Y. Nesse caso, as variáveis estarão correlacionadas positivamente. X e Y estarão tanto mais correlacionadas quanto mais próximo de 1 estiver o coeficiente de correlação.

Por outro lado, se a correlação for negativa, Y tenderá a se tornar pequeno quando X crescer. Nesse caso, as variáveis estarão correlacionadas negativamente; o relacionamento negativo será tanto mais forte quanto mais próximo de –1 estiver o coeficiente de correlação. Podemos calcular a correlação entre duas variáveis aleatórias X e Y por meio da seguinte sentença:

$$r\ (X,\ Y) = \frac{E[[X\ -\ E(X)]\ .\ [Y\ -\ E(Y)]]}{\sigma_x\ .\ \sigma_y}$$

(43)

Esses parâmetros estatísticos possuem grande aplicabilidade para o binômio Risco X Retorno, conforme veremos a seguir.

5.7 O Modelo de Formação de Preços de Ativos de Capital (CAPM)

O Modelo de Formação de Preços de Ativos de Capital (CAPM) é muito importante, em razão de sua capacidade de associação entre o risco sistemático e o retorno de ativos.

Cabe aqui ressaltar que o detalhamento da teoria do CAPM se encontra à disposição em livros de Administração Financeira. Cumpre-nos, portanto, apenas sintetizá-la e mostrar sua aplicabilidade por ocasião do desenvolvimento do Estudo de Caso que será objeto do Capítulo 7.

O desenvolvimento do CAPM baseia-se em hipóteses que têm por finalidade simplificar sua elaboração. São elas:

106 ▼ Matemática para Empreendedores

➡ A preocupação dos investidores concentra-se, fundamental-mente, no valor esperado e na variância, ou no desvio-padrão, da taxa de retorno do empreendimento.

➡ Os investidores têm preferência por maior retorno e menor risco.

➡ Os investidores buscam carteiras eficientes, ou seja, aquelas que apresentam máximo retorno esperado, dado o risco, ou mínimo risco, dado o retorno esperado.

➡ Os investidores estão de acordo quanto às distribuições de probabilidades das taxas de retorno dos ativos. Isso assegura a existência de um único conjunto de carteiras eficientes.

➡ Os ativos são perfeitamente divisíveis.

➡ A teoria admite a existência de um ativo sem risco. Os investidores podem comprá-lo e vendê-lo em qualquer quantidade.

O ponto fundamental da presente discussão pode assim ser resumido: uma pessoa que possui apenas um título deve utilizar o retorno esperado como medida do resultado do investimento. O desvio-padrão, ou a variância, conforme vimos, é a medida apropriada do risco do título. Uma pessoa que possui uma carteira diversificada preocupa-se com a contribuição de cada título ao retorno esperado e ao risco da carteira. O retorno esperado é a medida correta da contribuição do título ao retorno esperado da carteira.

Na teorização financeira, existem autores que afirmam que nem a variância nem o desvio-padrão dos retornos do título são medidas apropriadas para a contribuição do título ao risco de uma carteira. Essa contribuição é medida mais adequadamente pelo beta.

Veremos a seguir a teoria que envolve o cálculo do coeficiente beta e a sua utilização como instrumento coadjuvante no processo de redução do risco total.

5.7.1 Coeficiente Beta (β)

O coeficiente beta (β) é utilizado na mensuração do risco sistemático. Em termos estatísticos, o beta nos informa qual é a tendência de uma ação individual variar em conjunto com o mercado. Uma ação com beta igual a 1 tende a subir e descer na mesma proporção que o mercado. Ações com coeficiente beta menor do que 1 tendem a variar percentualmente menos do que o mercado. De maneira semelhante, uma ação com beta maior do que 1 tenderá a se valorizar mais do que o mercado.

Em outras palavras, o beta é um índice do grau de movimento do retorno de um ativo em resposta à mudança no retorno de mercado. O coeficiente beta pode ser encontrado examinando-se os retornos históricos do ativo relativos aos retornos do mercado.

Utilizando o coeficiente beta para medir o risco sistemático, o modelo de formação de preços de ativos de capital (CAPM) é dado por meio da seguinte sentença:

$$\boxed{R = R_F + \beta. (R_M - R_F)} \tag{44}$$

onde:

R = retorno esperado de um ativo

R_F = taxa de retorno livre de risco

β = coeficiente beta ou índice de risco sistemático

R_M = retorno de mercado; retorno sobre a carteira de ativos de mercado

Do ponto de vista matemático, percebemos que a expressão (44) corresponde à equação geral da reta. Como ocorre com qualquer reta, a linha representada por essa equação possui tanto uma inclinação quanto um intercepto. R_F, a taxa livre de risco, é o seu intercepto. Como o beta é medido no eixo horizontal, a inclinação é dada por $(R_M - R_F)$. Graficamente, para um ativo X qualquer, teríamos:

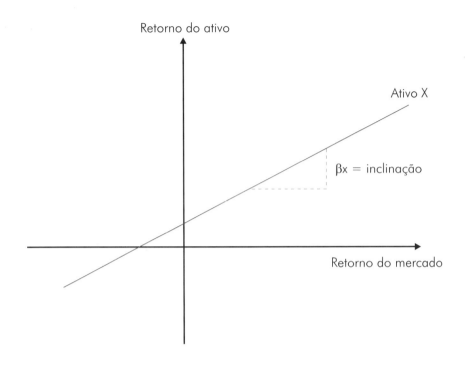

Finalizando, cabe ressaltar que a medição empírica do beta é efetuada pelo uso de regressão de mínimos quadrados para encontrar o coeficiente de regressão (β).

5.8 Cenários e Probabilidades

É factível pensar que determinado empreendimento pode gerar possíveis eventos nos quais a variável objetivo assume valores aleatórios. Essa aleatoriedade ocorre, principalmente, em virtude do antagonismo resultante entre o que foi projetado e o que será concretamente efetivado. Não podemos perder de vista o fato de que a dinâmica sócio-político-econômica resulta em incertezas quanto ao ambiente no qual os valores estimados pelo projeto serão realizados.

Ressalte-se que inúmeras técnicas foram desenvolvidas, com o objetivo de obter uma distribuição de probabilidades com base no julgamento dos profissionais especialistas. Normalmente, as pessoas têm dificuldade em expressar sua incerteza em relação a um evento futuro, em termos de distribuição de probabilidades.

Assim, uma das maneiras de estimarmos o valor esperado da variável objetivo associada aos eventos e o risco inerente é formular hipóteses relativas aos prováveis cenários com maior probabilidade de ocorrer, para obtermos, desse modo, a distribuição de probabilidades dos valores da variável objetivo por cenário. Assim sendo, é possível calcularmos a esperança matemática e quantificarmos, pelo desvio-padrão, o risco vinculado a essa esperança.

5.9 Considerações Finais

Este capítulo deteve-se, resumidamente, à reflexão do binômio Risco X Retorno e de sua relação com o instrumental matemático-estatístico disponibilizado pela teoria financeira..

Essas ferramentas serão bastante úteis e elucidativas na abordagem das conclusões relativas ao último capítulo, no qual veremos sua efetiva aplicabilidade.

Capítulo 6

ANALISANDO FLUXOS DE CAIXA DOS NEGÓCIOS

Objetivos do Capítulo

➤ *Resgatar os principais conceitos de Matemática Financeira mostrando sua aplicação à Engenharia Econômica.*

➤ *Apresentar os principais modelos utilizados para o processo de escolha de alternativas de investimento.*

➤ *Refletir sobre a potencialidade das ferramentas matemáticas como instrumentos de subsídio à decisão.*

6.1 Introdução

Neste capítulo, pretendemos resgatar os conceitos tratados nos Capítulos 2 e 3, os quais ressaltaram a importância de considerar o valor do dinheiro no tempo, procurando mostrar como aplicá-los de maneira científica e estruturada. Depois de termos assimilado o conceito do dinheiro no tempo, estaremos aptos a compreender, logicamente, a teoria que fundamenta a Engenharia Econômica que se presta, fundamentalmente, a analisar investimentos produtivos.

Apresentaremos os métodos clássicos de análise de investimento, objeto da Engenharia Econômica. Com esses métodos, que trazem conceitos fundamentais discutidos em Matemática Financeira, poderemos optar, entre as diversas alternativas, por aquela que melhor atenda aos interesses do empreendedor. Vale ressaltar que a correta tomada de decisão é o que se espera de qualquer administrador, principalmente daquele que esteja à frente da gerência dos recursos financeiros. Porém, é evidente que as decisões só poderão ser avaliadas, quanto à sua eficácia, no futuro.

Ao optar por uma alternativa de investimento, o administrador financeiro deve conduzir o empreendimento para, a curto, médio ou longos prazos, propiciar a maximização dos lucros. Muitas vezes, na busca de melhores resultados a longo prazo, faz-se necessário o sacrifício de benefícios mais imediatos, o que traz à tona a seguinte questão: como é possível saber se é compensador um sacrifício presente na busca de um resultado melhor no futuro? É exatamente nesse contexto que a Engenharia Econômica se apresenta, constituindo-se em poderosa ferramenta para a comparação entre os resultados de tomadas de decisão relativas a alternativas diferentes.

Portanto, devemos reforçar que no processo comparativo, proposto pela Engenharia Econômica, se faz necessário que as diferenças que caracterizam as alternativas sejam expressas, o máximo possível, em termos quantitativos.

6.2 Alguns Pressupostos Importantes

Quando temos pela frente a tarefa de analisar alternativas de investimentos, devemos ter em mente que de nada adianta ter uma boa técnica se as informações envolvidas não forem adequadamente formatadas e verificadas. Nosso propósito é chamar a atenção para o fato de que a escolha das alternativas deve passar por um processo, o qual implique a apuração daquela alternativa que otimize essa decisão. Apesar de reconhecermos a eficácia dos modelos matemáticos disponibilizados pela Engenharia Econômica, na tarefa de expressar a realidade de um empreendimento, devemos concordar que não é possível a esta modelagem captar todas as informações envolvidas que possam afetar o resultado da análise. Assim sendo, antes da apresentação dos métodos, destacamos dois aspectos que devem ser observados ao nos valermos desses modelos:

a) **Igualdade entre taxa de juros e taxa de retorno**

A modelagem matemática utilizada pela Engenharia Econômica parte do pressuposto de que as taxas de juros e as taxas de retorno são idênticas. Sendo assim, teoricamente, se necessitarmos tomar emprestado um capital à taxa de 3% ao mês, podemos aplicá-lo também a 3% ao mês. Evidentemente que esse fato é praticamente inexequível, haja vista que as taxas de captação de recursos, ou seja, os juros a pagar nos empréstimos, em geral, são maiores que os juros que remuneram as aplicações no mercado financeiro.

b) **Invariabilidade das taxas de juros**

A metodologia assume que a taxa de retorno utilizada não varia durante a vida útil da alternativa, fato também questionável, na medida em que pode haver repactuações da taxa de juros durante o horizonte de tempo.

Ao analisar um projeto, cabe ressaltar que é essencial:

➡ estimar o horizonte de planejamento;

➡ avaliar as receitas e os desembolsos ocorridos ao longo do tempo de duração do projeto (vida útil), caso o projeto seja levado a efeito;

➡ supor que as receitas e os desembolsos ocorram em períodos de tempo de igual amplitude;

➡ reconhecer o valor do dinheiro no tempo por uma taxa de juros apropriada (Taxa Mínima de Atratividade – TMA).

6.3 Taxa Mínima de Atratividade (TMA)

O conceito de Taxa Mínima de Atratividade (TMA) está intimamente ligado à seguinte idéia: quando uma pessoa se predispõe a aplicar recursos em algum empreendimento, o capital investido tem de atingir, no mínimo, o nível da expectativa de ganho dela, ou, ainda, na pior das hipóteses, ao ganho que ela teria se o investimento fosse feito em um ativo de baixo risco. A TMA varia de investidor para investidor, de empresa para empresa. É uma taxa a partir da qual ele considera estar obtendo ganhos financeiros; no entanto, deve levar em consideração as incertezas quanto aos retornos advindos da execução do projeto. Destacamos que essa taxa é função de três componentes – $i_{TMA}f(c)$:

c_1: custo de oportunidade

c_2: risco do negócio

c_3: liquidez do negócio

Sinteticamente, podemos explicar cada componente da TMA da seguinte maneira:

➡ c_1: remuneração que teríamos, caso não aplicássemos o capital em nenhuma das alternativas, mantendo-o, por exemplo, aplicado no mercado financeiro em alguma aplicação de baixíssimo risco.

➥ c_2: remuneração necessária para suplantar o risco associado à alternativa analisada.

➥ c_3: capacidade de transportar o capital de um ativo para outro no menor prazo possível.

6.4 Métodos de Análise de Investimentos

Os métodos que aqui serão apresentados têm por finalidade subsidiar a escolha daquela alternativa que implica maior rentabilidade ou menor custo. São eles:

➥ Valor Presente Líquido (VPL)

➥ Índice de Lucratividade (IL)

➥ Taxa Interna de Retorno (TIR)

➥ Custo Anual (PMT)

6.4.1 Método do Valor Presente Líquido (VPL)

O Valor Presente Líquido (VPL) de um projeto é a soma algébrica de todos os fluxos futuros projetados (desembolsos e receitas esperados – CF_j), ocorridos durante a vida útil do projeto, descontados à data zero, menos o investimento inicial (CF_0). Observe que a taxa de desconto a ser utilizada será a TMA.

Definição:

$$VPL = \left[\frac{CF_1}{(1 + i)^1} + \frac{CF_2}{(1 + i)^2} + \frac{CF_3}{(1 + i)^3} + ... + \frac{CF_{n-1}}{(1 + i)^{n-1}} + \frac{CF_n}{(1 + i)^n} \right] - CF_0 \qquad (45)$$

Critério de Aceitação/Rejeição do VPL:

– o projeto será aceito (é economicamente viável) se $VPL \geq 0$;

– o projeto não será aceito (é inviável) se $VPL < 0$.

6.4.1.1 Critério do VPL para projetos de mesma duração (vidas úteis iguais)

A aplicação do método do VPL requer, em princípio, que os projetos tenham a mesma duração. Para dois ou mais projetos, considerada uma TMA, o projeto escolhido deverá ser aquele que apresentar o maior VPL.

Exemplo:

Um investidor pode aplicar R$ 500.000,00 em dois projetos financeiros "A" e "B", os quais geram os seguintes fluxos de caixa a seguir demonstrados (em R$):

ANO	PROJETO A Entradas de Caixa	PROJETO B Entradas de Caixa
0	(500.000,00)	(500.000,00)
1	145.000,00	595.000,00
2	184.000,00	0,00
3	210.000,00	325.000,00
4	350.000,00	0,00
5	421.500,00	128.200,00

Sabendo-se que este investidor pode aplicar no mercado financeiro à razão de 15% ao ano, qual projeto ele deve escolher?

➥ *Primeira alternativa:*

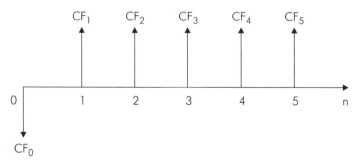

$$VPL = \left[\frac{CF_1}{(1+i)^1} + \frac{CF_2}{(1+i)^2} + \frac{CF_3}{(1+i)^3} + ... + \frac{CF_{n-1}}{(1+i)^{n-1}} + \frac{CF_n}{(1+i)^n}\right] - CF_0$$

$$VPL = \left[\frac{145.000}{(1+0,15)^1} + \frac{184.000}{(1+0,15)^2} + \frac{210.000}{(1+0,15)^3} + \frac{350.000}{(1+0,15)^4} + \frac{421.500}{(1+0,15)^5}\right] - 500.000$$

VPL = R$ 312.969,43

➡ *Segunda alternativa:*

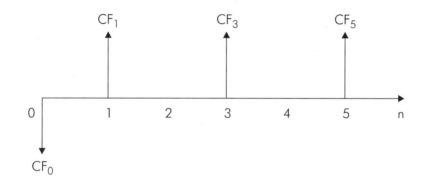

$$VPL = \left[\frac{CF_1}{(1+i)^1} + \frac{CF_2}{(1+i)^2} + \frac{CF_3}{(1+i)^3} + ... + \frac{CF_{n-1}}{(1+i)^{n-1}} + \frac{CF_n}{(1+i)^n}\right] - CF_0$$

$$VPL = \left[\frac{595.000}{(1+0,15)^1} + \frac{325.000}{(1+0,15)^3} + \frac{128.200}{(1+0,15)^5}\right] - \$500.000$$

VPL = R$ 294.822,14

Pelo critério exposto, a primeira alternativa é melhor em razão de seu maior retorno.

6.4.1.2 Critério do VPL para projetos com durações diferentes (vidas úteis desiguais)

Quando a vida útil dos projetos for diferente, considera-se que os projetos possam ser repetidos nas mesmas condições. Sendo assim, toma-se como tempo de duração, para todos os projetos, o menor múltiplo comum (mmc) entre os tempos de vida de cada um. Desse modo, ficam igualadas as durações dos referidos projetos.

Exemplo:

Supondo uma TMA de 12% ao ano, qual a melhor entre as duas alternativas seguintes?

	A	B
Custo inicial	12.000,00	20.000,00
Vida útil estimada (anos)	6	12
Valor residual	3.000,00	2.000,00
Custo anual de operação	1.600,00	900,00

mmc entre as vidas: 12 anos

➡ *Projeto A:*

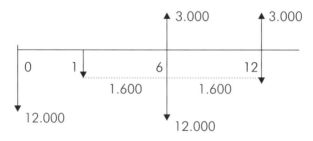

$$VPL = \left[\frac{CF_1}{(1+i)^1} + \frac{CF_2}{(1+i)^2} + \frac{CF_3}{(1+i)^3} + \ldots + \frac{CF_{n-1}}{(1+i)^{n-1}} + \frac{CF_n}{(1+i)^n} \right] - CF_0$$

$VPL_A = -\ R\$\ 25.700,65$

➡ *Projeto B:*

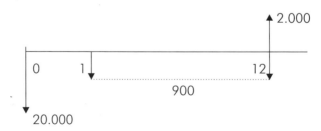

$$VPL = \left[\frac{CF_1}{(1+i)^1} + \frac{CF_2}{(1+i)^2} + \frac{CF_3}{(1+i)^3} + \ldots + \frac{CF_{n-1}}{(1+i)^{n-1}} + \frac{CF_n}{(1+i)^n} \right] - CF_0$$

$VPL_B = -\ R\$\ 25.061,57$

Como $VPL_B > VPL_A$, a melhor alternativa é a do Projeto "B", pois apresenta o menor desembolso equivalente no ano zero.

6.4.2 Método do Índice de Lucratividade (IL)

A idéia do Índice de Lucratividade (IL) é análoga ao VPL, diferindo no fato de que enquanto o valor presente líquido mensura a diferença monetária entre o valor atual dos retornos e o investimento inicial, o IL capta o retorno relativo ao valor atual para cada $ 1.00 investido. Matematicamente, seria:

$$IL = \left[\frac{CF_1}{(1 + i)^1} + \frac{CF_2}{(1 + i)^2} + \frac{CF_3}{(1 + i)^3} + ... + \frac{CF_{n-1}}{(1 + i)^{n-1}} + \frac{CF_n}{(1 + i)^n} \right] \cdot \frac{1}{CF_0} \qquad (46)$$

Ou, ainda:

$$IL = \frac{\text{VALOR DAS ENTRADAS DE CAIXA}}{\text{INVESTIMENTO INICIAL}}$$

Critério de Aceitação/Rejeição do IL:

– o projeto será aceito (é economicamente viável) se $IL \geq 1$;

– o projeto não será aceito (é inviável) se $IL < 1$.

Note-se que o critério de decisão relativo ao IL é similar ao do NPV no que diz respeito à grandeza de valor, ou seja, quanto maior for o IL de um projeto financeiro, mais interessante será. Evidentemente, na pior das hipóteses, só será aceito um projeto financeiro para um IL igual a $ 1,00 (uma unidade monetária), pois equivale aplicar a taxa mínima de atratividade e manter, pelo menos, o mesmo nível de riqueza anterior ao projeto. Para efeito ilustrativo, vamos calcular os ILs relativos ao exemplo utilizado na abordagem do VPL:

120 ▼ Matemática para Empreendedores

➡ *Primeira situação:*

$$IL = \frac{\text{VALOR DAS ENTRADAS DE CAIXA}}{\text{INVESTIMENTO INICIAL}}$$

$$IL = \frac{812.969,43}{500.000,00}$$

$$IL = R\$ \ 1,63$$

➡ *Segunda situação:*

$$IL = \frac{\text{VALOR DAS ENTRADAS DE CAIXA}}{\text{INVESTIMENTO INICIAL}}$$

$$IL = \frac{794.822,14}{500.000,00}$$

$$IL = R\$ \ 1,58$$

Pelo critério do IL, escolhe-se a primeira situação, pois esta traz um retorno monetário de R\$ 0,63 para cada R\$ 1,00 investido contra R\$ 0,58 da segunda situação.

6.4.3 Método da Taxa Interna de Retorno (TIR)

A Taxa Interna de Retorno (TIR) de um fluxo de caixa pode ser entendida como a taxa de desconto que faz com que as Receitas Futuras (CF_j), descontadas a esta taxa, se igualem ao Investimento Inicial (CF_0). Em outras palavras, é a taxa que proporciona o VPL de um investimento igual a zero. Sua expressão matemática é:

$$O = - CF_0 + \frac{CF_1}{(1 + i)^1} + \frac{CF_2}{(1 + i)^2} + \frac{CF_3}{(1 + i)^3} + ... + \frac{CF_{n-1}}{(1 + i)^{n-1}} + \frac{CF_n}{(1 + i)^n} \qquad (47)$$

É importante ressaltar que o cálculo da Taxa Interna de Retorno é muito complexo quando existem mais de duas entradas provenientes do mesmo capital, na medida em que implicará uma equação polinominal de *n* raízes que só será encontrada por métodos apro-

Analisando Fluxos de Caixa dos Negócios ▼ **121**

ximativos, como o de Newton-Raphson ou pela interpolação linear. Nesse caso, busca-se reduzir paulatinamente a amplitude dos intervalos cujos extremos apresentam VPLs com sinais contrários.

Critério de Aceitação/Rejeição daTIR

– o projeto será aceito (é economicamente viável) se TIR $\geq$ TMA;

– o projeto não será aceito (é inviável) se TIR $<$ TMA.

O critério de decisão, quando a TIR é utilizada, resume-se na análise comparativa entre a taxa apurada pelo projeto e a taxa mínima de atratividade (TMA) do investidor, ou seja, para uma TIR *maior* ou *igual* a esta taxa devemos aceitar o projeto; caso contrário, devemos rejeitá-lo.

Exemplo:

Um investidor pode aplicar R$ 80.000,00 em dois projetos financeiros "X" e "Y", os quais geram os fluxos (em R$):

ANO	INVESTIMENTO X	INVESTIMENTO Y
0	(80.000,00)	(80.000,00)
1	15.000,00	20.000,00
2	23.000,00	27.000,00
3	13.000,00	17.000,00
4	28.000,00	8.000,00
5	21.000,00	28.000,00
TOTAL	**100.000,00**	**100.000,00**
Taxa Interna de Retorno	**7,46% a. a.**	**8,04% a. a.**

As taxas internas de retorno desses dois investimentos podem ser facilmente calculadas com a função financeira (IRR) da calculadora HP-12C ou (RATE) da planilha Excel. Os resultados são 7,46% ao mês para o investimento "X" e 8,04% ao mês para o investimeto "Y". Admitindo-se que a Taxa Mínima de Atratividade seja de 5% ao mês, ou seja, se o dinheiro não for aplicado em nenhum desses investimentos ele estará aplicado nessa taxa de juros e os dois investimentos oferecem taxa interna de retorno superior a 5% ao mês, ambos seriam atrativos. Entretanto, escolheremos o investimento "Y", em razão de seu maior retorno quando comparado ao investimento "X".

Ressaltamos que, para os propósitos de aplicação ao Estudo de Caso, nos deteremos ao caso de projetos com vidas iguais, já que, se os projetos tiverem vidas diferentes, faz-se a mesma consideração observada para o VPL.

Exemplo:

Uma pessoa tem duas possibilidades para aplicar seu capital. Na primeira, ela resgata integralmente o principal acrescido em 80% de juros após 3 anos e, na segunda, resgata metade do principal no final de cada ano, durante 3 anos. Supondo-se que a TMA é de 20% ao ano, qual é a melhor alternativa?

➥ *Primeira possibilidade:*

$$0 = -CF_0 + \frac{CF_1}{(1+i)^1} + \frac{CF_2}{(1+i)^2} + \frac{CF_3}{(1+i)^3} + \ldots + \frac{CF_{n-1}}{(1+i)^{n-1}} + \frac{CF_n}{(1+i)^n}$$

$$0 = -1 + \frac{0}{(1+i)^1} + \frac{0}{(1+i)^2} + \frac{1,8}{(1+i)^3} \Rightarrow \text{TIR} = 21,64\% \text{ a.a.}$$

➥ *Segunda possibilidade:*

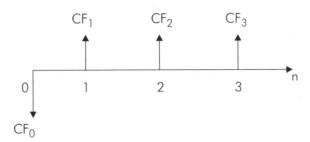

$$O = -CF_0 + \frac{CF_1}{(1+i)^1} + \frac{CF_2}{(1+i)^2} + \frac{CF_3}{(1+i)^3} + \ldots + \frac{CF_{n-1}}{(1+i)^{n-1}} + \frac{CF_n}{(1+i)^n}$$

$$O = -1 + \frac{0,5}{(1+i)^2} + \frac{0,5}{(1+i)^2} + \frac{0,5}{(1+i)^3} \Rightarrow TIR = 23,37\% \text{ a.a.}$$

A segunda possibilidade é a melhor.

6.4.4 Método do Custo Anual (PMT)

O Método do Custo Anual (PMT) consiste, basicamente, na redução de cada fluxo de caixa em uma série anual uniforme de prestações periódicas pela taxa mínima de atratividade. O critério de escolha recai sobre aquele que implicar **menor custo**. Utilizaremos, basicamente, as expressões (19) e (21) apresentadas no Capítulo 3 deste livro.

Exemplo:

Uma empresa tem duas alternativas para processamento de uma etapa na produção de seu produto: adquirir uma máquina ao preço de R$ 380.000,00 com valor residual, após 5 anos, de R$ 75.000,00 e despesas anuais com manutenção e mão-de-obra estimadas em R$ 250.000,00, ou terceirizar essa tarefa ao custo mensal de R$ 26.000,00. Qual a melhor alternativa, estimando-se uma Taxa Mínima de Atratividade (TMA) de 9% ao ano?

Vamos montar os fluxos de caixa de cada alternativa.

➥ *Primeira alternativa: Compra*

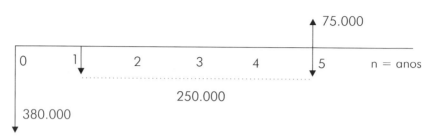

Conforme mencionado no início deste subitem, devemos reduzir o fluxo de caixa em uma uma série anual uniforme:

1. *Cálculo do impacto da compra relativo a cada ano* (**custo**):

$$R = P_p \cdot \frac{(1+i)^n \cdot i}{(1+i)^n - 1}$$

$$R = 380.000 \cdot \frac{(1+0,09)^5 \cdot 0,09}{(1+0,09)^5 - 1} \Rightarrow R_{anual} = R\$\ 97.675,14$$

2. *Despesa com manutenção + Mão-de-obra* (**custo**):

$$\Rightarrow R_{anual} = R\$\ 250.000,00$$

3. *Cálculo do impacto do valor residual a cada ano* (**receita**):

$$R = F_p \frac{i}{(1+i)^n - 1}$$

$$R = 75.000 \frac{0,09}{(1+0,09)^5 - 1} \Rightarrow R_{anual} = R\$\ 12.351,93$$

Cálculo final da alternativa pelo método do custo anual:

$$
\begin{array}{rr}
(-) & 97.695,14 \\
(-) & 250.000,00 \\
(+) & \underline{12.531,93} \\
(=) & 335.163,21
\end{array}
$$

Para que a comparação entre as duas alternativas tenha sentido prático, devemos verificar o impacto anual dos custos mensais pela capitalização composta. Assim, temos:

- *Segunda alternativa: Terceirização*

O custo mensal é de R$ 26.000,00, considerando-se a taxa de 9% ao ano:

$i = 27\%$ a.a. $\Rightarrow$ $i_e = (1 + 0,09)^{1/12} - 1$ $\therefore$ $i_e = 0,72\%$ a.m.

$$F_p = R\frac{(1 + i)^n - 1}{i}$$

$$F_p = 26.000,00 \frac{(1 + 0,0072)^{12} - 12}{0,0072} \Rightarrow R_{anual} = 324.669,76$$

Conclusão: pelas hipóteses apresentadas é melhor terceirizar do que comprar o bem, uma vez que terceirizar apresenta um custo anual de R$ 324.669,76, menor, portanto, do que a alternativa compra que apresenta um custo anual de R$ 335.163,21.

6.5 Considerações Finais

Este capítulo pretendeu apresentar as principais ferramentas contempladas pela Engenharia Econômica e suas propriedades no trato das questões de escolha de alternativas de investimento. Feito isto, vamos à prática, mostrando como usá-las por meio de um Estudo de Caso.

Capítulo 7

APLICAÇÃO DA TEORIA: ESTUDO DE CASO

Objetivos do Capítulo

➤ Aplicar a determinado empreendimento os conhecimentos estudados ao longo dos capítulos precedentes.

➤ Verificar a eficiência e a eficácia de modelos quantitativos e probabilísticos disponibilizáveis.

➤ Comprovar como é possível revestir-se de segurança na utilização de ferramentas quantitativas adaptadas à teoria financeira.

7.1 Introdução

Neste Estudo de Caso, utilizaremos uma metodologia para auxiliar o processo decisório de investimento de uma empresa que atua no mercado de papel e celulose. Para tanto, examinaremos os possíveis cenários conjunturais em que o investimento poderá ocorrer e aplicaremos, em seguida, as ferramentas mostradas ao longo dos capítulos precedentes para chegar à melhor decisão.

Este Estudo de Caso tem como exemplo a empresa Celutec Celulose S/A, nome fictício, que atua na produção de celulose de eucalipto. Os demonstrativos financeiros utilizados são os do ano de 2003 e serviram de base para projeções.

7.2 O Contexto Empreendedorial

A Celutec Celulose S/A é uma empresa nacional localizada na Bahia, que produz 500.000 (quinhentas mil) toneladas de celulose de eucalipto por ano, destinadas 50% ao mercado interno e 50% ao mercado externo.

Sua matéria-prima mais importante é a celulose, e a empresa conta com uma base florestal de eucalipto de 200 mil hectares, dos quais 50 mil hectares são ocupados por reservas nativas.

A competitividade da empresa na atividade é assegurada pela utilização de árvores de alta produtividade e qualidade de madeira, moderna tecnologia para manutenção da capacidade de produção e elevado índice de mecanização das operações.

7.3 O Investimento e as Premissas Adotadas

A empresa pretende expandir-se investindo em uma nova linha de produção, que produzirá 200.000 toneladas anuais. O valor desse investimento será de US$ 25.000.000,00, necessitando, ainda, de capital de giro adicional no valor de US$ 1.000.000,00. As receitas e os custos diretos crescerão na mesma proporção do aumento de produção.

O investimento será realizado com 50% do valor como aporte de recursos pelos acionistas e 50% financiados com pagamentos efetuados pelo sistema SAC, em cinco anos, sendo o primeiro ano de carência. A taxa do financiamento será de 11% ao ano. A alíquota de imposto de renda é de 25% do lucro tributável e a alíquota de contribuição social é de 8%.

A depreciação contábil será de 10% ao ano sobre o valor original para máquinas e equipamentos e 4% ao ano para construção civil. Do total de investimentos, US$ 8.000.000,00 serão destinados a estudos de viabilidade e alternativas, projetos de engenharia e gerenciamento de capital de giro, os quais não serão depreciados.

A atual estrutura de custos operacionais da empresa está formada conforme segue:

PARÂMETROS	US$ Mil
➡ *Receita Líquida*	*125.000*
➡ *Custos Diretos de Produção*	*75.000*
➡ *Custos Indiretos de Produção*	*5.000*
➡ *Lucro Bruto*	*45.000*
➡ *Despesas Gerais Variáveis*	*30.000*
➡ *Despesas Gerais Fixas*	*3.000*
➡ *Lucro antes do IR*	*12.000*

A seguir, detalhamos os investimentos necessários para a construção da nova linha de produção e o cálculo da depreciação desses investimentos.

Quadro de Investimentos – US$ Mil

	2004	2005	TOTAIS
Equipamentos e Máquinas	10.000	0	10.000
Tubulação	1.500	0	1.500
Elétrica	500	0	500
Automação de Processos	500	300	800
Obras Civis	2.000	1.200	3.200
Montagem Eletromecânica	1.300	700	2.000
Engenharia e Gerenciamento	5.000	2.000	7.000
Capital de Giro	0	1.000	1.000
TOTAIS	**20.800**	**5.200**	**26.000**

Depreciação – US$ Mil

	2005	2006	2007	2008	2009	2010	2011	2012	2013	2014
Máquinas e equipamentos (10% a.a.)										
Valor inicial	12.800	11.520	10.240	8.960	7.680	6.400	5.120	3.840	2.560	1.280
Depreciação	1.280	1.280	1.280	1.280	1.280	1.280	1.280	1.280	1.280	1.280
Valor final	11.520	10.240	8.960	7.680	6.400	5.120	3.840	2.560	1.280	0
Obras civis + tubul. + eletr. (4% a.a.)										
Valor inicial	5.200	4.992	4.784	4.576	4.368	4.160	3.952	3.744	3.536	3.328
Depreciação	208	208	208	208	208	208	208	208	208	208
Valor final	4.992	4.784	4.576	4.368	4.160	3.952	3.744	3.536	3.328	3.120
Depreciação Total	**1.488**	**1.488**	**1.488**	**1.488**	**1.488**	**1.488**	**1.488**	**1.488**	**1.488**	**1.488**

Conforme dissemos, o investimento de US$ 26.000.000,00 será realizado com 50% de recursos próprios e 50% financiados com pagamentos efetuados pelo Sistema de Amortização Constante (SAC) em cinco anos, sendo o primeiro ano de carência à taxa de 11% ao ano. A tabela a seguir, apresentada e estudada no Capítulo 3, detalha os pagamentos dos juros e do principal relativo a esta operação:

ANO	SALDO INICIAL	AMORTIZAÇÃO	JUROS	PRESTAÇÃO	SALDO FINAL
0	–	–	–	–	13.000,00
1	14.430,00	–	1.430,00	1.430,00	13.000,00
2	14.430,00	3.250,00	1.430,00	4.680,00	9.750,00
3	10.822,50	3.250,00	1.072,50	4.322,50	6.500,00
4	7.215,00	3.250,00	715,00	3.965,00	3.250,00
5	3.607,50	3.250,00	357,50	3.607,50	0,00
TOTALIZAÇÕES ⇒		13.000,00	5.005,00	18.005,00	

Para que a empresa atinja níveis de excelência em termos de produção e controle de qualidade, conquistando sua posição no mercado, serão necessárias contratações adicionais, como segue:

CUSTOS FIXOS DE PRODUÇÃO	US$/Mês	US$/Ano c/ Encargos
1 Diretor Industrial	10.000,00	
1 Gerente Industrial	8.000,00	
1 Gerente de Pesq. & Desenvolvimento	8.000,00	
1 Analista de Pesq. & Desenvolvimento	2.500,00	
1 Gerente de Controle de Qualidade	8.000,00	
1 Analista de Controle de Qualidade	2.500,00	
2 Secretárias	5.000,00	
TOTAL	44.000,00	1.056.000,00

DESPESAS FIXAS GERAIS	US$/Mês	US$/Ano c/ Encargos
Serv. Terceirizados (seg./limp./man.)	20.000,00	
2 Gerentes Comerciais	12.000,00	
1 Secretária	2.500,00	
TOTAL	34.500,00	828.000,00

132 ▼ Matemática para Empreendedores

7.4 Fluxos de Caixa Projetados

Com base nas premissas anteriormente descritas e partindo do **cenário atual**, que retrata a média histórica relativa à produção, ao volume de vendas e ao preço médio, evoluímos para a construção de seis outros diferentes cenários com as seguintes características:

➥ Fraco Otimismo – Fraco Pessimismo;

➥ Moderado Otimismo – Moderado Pessimismo;

➥ Forte Otimismo – Forte Pessimismo.

Para construir esses cenários, adotamos o seguinte critério:

a) No que tange à variável **volume de vendas**, o critério de construção foi a adoção de 15% de variação para cima (*forte otimismo*) e 15% para baixo (*forte pessimismo*) com graduação em 5 pontos percentuais para cada nível correspondente (*moderado e fraco*). Para exemplificarmos, com base no ano de 2005, assim ficaria a projeção:

VOLUME DE VENDAS (Ton. Mil)
Cenário Atual ⇒ **69.000**

Cenário c/ Fraco Otimismo ⇒ (*69.000 . 1,05* = **72.450**)
Cenário c/ Moderado Otimismo ⇒ (*69.000 . 1,10* = **75.900**)
Cenário c/ Forte Otimismo ⇒ (*69.000 . 1,15* = **79.350**)

Cenário c/ Fraco Pessimismo ⇒ (*69.000 . 0,95* = **65.550**)
Cenário c/ Moderado Pessimismo ⇒ (*69.000 . 0,90* = **62.100**)
Cenário c/ Forte Pessimismo ⇒ (*69.000 . 0,85* = **58.650**)

b) O mesmo critério foi adotado no que se refere à variável **preço médio**, utilizando-se, porém, 12% de variação com graduação em 4 pontos percentuais.

O prazo para a execução do projeto é de 2 anos; no primeiro ano, a nova linha não operará, no segundo, operará com 40% de sua capacidade plena, no terceiro, atingirá 80% de sua capacidade e, a partir do quarto ano, operará com sua capacidade total. No que tange ao volume de vendas do ano de 2005, projetamos dobrá-lo no ano de 2005 para de 2006, com incremento de 25% para o ano subseqüente, e assim mantendo-o.

Finalizando, evoluímos para a construção de dois cenários sujeitos ao risco sistemático (conjuntural) e ao risco não sistemático (próprio). Projetamos um fluxo de caixa, dito *heterodoxo 1*, o qual prevê, hipoteticamente, uma crise na conjuntura econômica que afeta de maneira dramática o volume de vendas, e um outro fluxo, dito *heterodoxo 2*, passível de uma crise no mercado de papel com repercussões no preço médio do produto.

CENÁRIO ATUAL

	2005	2006	2007
Volume de Vendas (ton. Mil)	69.000	138.000	172.500
Preço Médio (ton. Mil)	320	320	320
Produção (ton. Mil)	80.000	160.000	200.000

CENÁRIO C/ FRACO OTIMISMO

	2005	2006	2007
Volume de Vendas (ton. Mil)	72.450	144.900	181.125
Preço Médio (ton. Mil)	332,80	332,80	332,80
Produção (ton. Mil)	80.000	160.000	200.000

CENÁRIO C/ FRACO PESSIMISMO

	2005	2006	2007
Volume de Vendas (ton. Mil)	65.550	131.100	163.875
Preço Médio (ton. Mil)	307,20	307,20	307,20
Produção (ton. Mil)	80.000	160.000	200.000

CENÁRIO C/ MODERADO OTIMISMO

	2005	2006	2007
Volume de Vendas (ton. Mil)	75.900	151.800	189.750
Preço Médio (ton. Mil)	345,60	345,60	345,60
Produção (ton. Mil)	80.000	160.000	200.000

CENÁRIO C/ MODERADO PESSIMISMO

	2005	2006	2007
Volume de Vendas (ton. Mil)	62.100	124.200	155.250
Preço Médio (ton. Mil)	294,40	294,40	294,40
Produção (ton. Mil)	80.000	160.000	200.000

CENÁRIO C/ FORTE OTIMISMO

	2005	2006	2007
Volume de Vendas (ton. Mil)	79.350	158.700	198.375
Preço Médio (ton. Mil)	358,40	358,40	358,40
Produção (ton. Mil)	80.000	160.000	200.000

CENÁRIO C/ FORTE PESSIMISMO

	2005	2006	2007
Volume de Vendas (ton. Mil)	58.650	117.300	146.625
Preço Médio (ton. Mil)	281,60	281,60	281,60
Produção (ton. Mil)	80.000	160.000	200.000

HETERODOXO 1 – RISCO SISTEMÁTICO
(Conjuntura Econômica)

	2005	2006	2007
** Volume de Vendas (ton. Mil)	20.000	30.000	50.000
Preço Médio (ton. Mil)	320	320	320
Produção (ton. Mil)	80.000	160.000	200.000

HETERODOXO 2 – RISCO NÃO SISTEMÁTICO
(Mercado de Papel)

	2005	2006	2007
Volume de Vendas (ton. Mil)	69.000	138.000	172.500
** Preço Médio (ton. Mil)	50	100	150
Produção (ton. Mil)	80.000	160.000	200.000

Na realização de um projeto financeiro, o capital utilizado é, em geral, remunerado; é o custo da utilização do capital por parte da empresa. Não podemos perder de vista que, ao avaliarmos um projeto, temos de ponderar a taxa de juros do mercado financeiro. Evidentemente, essa taxa de juros funciona como custo de oportunidade. Se a taxa de rendimentos do projeto for superior à taxa de juros do mercado financeiro, haverá interesse econômico em concretizar o projeto. A taxa de custo de capital e a taxa de juros do mercado financeiro constituem referenciais para a determinação da Taxa Mínima de Atratividade (TMA) de um projeto e um parâmetro para a sua aceitação ou sua rejeição.

Conforme foi visto no Capítulo 5, para a apuração da TMA utilizamos o modelo de formação de preços de ativos de capital (CAPM). Para a obtenção da taxa de desconto da empresa Celutec Celulose S/A, utilizaremos a expressão (44) apresentada no Capítulo 5:

$$i_{\text{desconto}}_{\text{da empresa}} = i_{\text{livre}}_{\text{de risco}} + [\beta \times (i_{\text{retorno do}}_{\text{mercado}} - i_{\text{livre}}_{\text{de risco}})]$$

➡ **Taxa de Retorno Livre de Risco**

Para a apuração da taxa livre de risco utilizamos, como parâmetro, a média da taxa Selic entre 2000 e 2003. A taxa *overnight* do Sistema Especial de Custódia expressa na forma anual e a taxa média ponderada pelo volume das operações de financiamento por um dia, lastreados em títulos públicos federais e realizados no Selic, na forma de

136 ▼ Matemática para Empreendedores

operações compromissadas. É a taxa básica utilizada como referência pela política monetária. No caso, a taxa encontrada foi de 21,98% ao ano.

➡ **Cálculo do Coeficiente Beta (b)**

Para o cálculo do coeficiente beta, utilizado na medição do risco sistemático e apresentado no Capítulo 5, pesquisamos a cotação, os juros, os dividendos e as bonificações relativas a um grupo de ações negociadas em bolsa de valores. Escolhemos três importantes empresas do segmento de papel e celulose: Aracruz Celulose S/A, Celulose Irani S/A e Klabin Papel e Celulose S/A e calculamos a evolução mensal da ação de cada uma delas entre agosto de 2000 e dezembro de 2003.

Posto isto, teoricamente, formamos uma carteira de ações do segmento de papel e celulose, em que a participação de cada ação em relação a ela, para os propósitos de nosso Estudo de Caso, é proporcional (33,33%). Comparamos, então, a média mensal da evolução dessa carteira de ações evolução mensal do Ibovespa para o mesmo período.

No Capítulo 5 foi dito que a medição do beta é feita através do cálculo de mínimos quadrados. Sendo assim, fizemos a regressão linear entre essas duas variáveis, por meio de metodologia computacional, e encontramos o coeficiente angular da reta (Coeficiente Beta = 0,2324).

➡ **Taxa de Retorno do Mercado**

Como a carteira de mercado é um ativo com risco, a teoria indica que seu retorno esperado deve ser superior à taxa livre de risco. Para os propósitos da apuração da taxa de desconto da empresa Celutec Celulose S/A, verificamos a evolução mensal do Ibovespa, referente a idêntico período analisado em relação à carteira de ações, e calculamos, em seguida, a taxa anual de 36,13%.

Com base nessas hipóteses, temos:

$$i_{\text{desconto} \atop \text{da empresa}} = i_{\text{livre} \atop \text{de risco}} + [\beta \text{ X } (i_{\text{retorno do} \atop \text{mercado}} - i_{\text{livre} \atop \text{de risco}})]$$

$$i_{\text{desconto} \atop \text{da empresa}} = 21,98\% + [0,2324 \text{ X } (36,13\% - 21,98\%)]$$

$$\mathbf{i_{\text{desconto} \atop \text{da empresa}} = 25,27\% \text{ a.a.}}$$

➡ **Taxa de Retorno da Empresa**

Definida a taxa de desconto da empresa, passaremos a buscar a taxa de retorno, que será apurada por meio do custo médio ponderado de capital, r_{WACC}.

Conforme foi estudado no Capítulo 4, às vezes, associam-se os números x_1, x_2, x_3, ..., x_n a certos fatores de ponderação ou pesos f_1, f_2, f_3, ..., f_n, que dependem do significado ou da importância atribuída aos números. O custo médio de capital é o resultado de uma média ponderada dos custos de capital próprio e de capital de terceiros. Sua expressão matemática é:

$$r_{\text{WACC}} = \text{Peso do Capital} \times [\text{Taxa de Capital} \times (1-t)] + \text{Peso do Capital} \times \text{Taxa do Capital}$$
$$\phantom{r_{\text{WACC}} = } \text{de terceiros} \qquad \text{de terceiros} \qquad \qquad \text{próprio} \qquad \qquad \text{próprio}$$

onde t é a alíquota do IR.

Calculamos o r_{WACC} da Celutec S/A, conforme segue:

$$r_{\text{WACC}} = 0,50 \times [11\% \times (1 - 0,25)] + 0,50 \times 25,27\%$$

$$\mathbf{r_{\text{WACC}} = 16,76\% \text{ a.a.}}$$

RESUMO

Componentes do Financiamento	Valores	Peso	Custo de Capital	Custo Médio de Capital
Capital de Terceiros	$ 13.000.000	0,50	11% × (1 − 0,25) = 8,25%	4,13%
Capital Próprio	$ 13.000.000	0,50	21,98% + (0,2324 X 14,15%) = 25,27%	12,63%
	$ 26.000.000	1,00		Wacc = 16,76%

Feito isso, passaremos às projeções dos fluxos de caixa relativos a cada cenário pré-concebido e à apresentação da análise de viabilidade econômica. Para a análise dos resultados estatístico-financeiros que se seguirão, faremos a abordagem da análise de viabilidade em dois níveis:

a) fluxo de caixa sem perpetuidade;

b) fluxo de caixa com perpetuidade.

Para a apuração do valor presente do fluxo de caixa com perpetuidade, utilizaremos a expressão (22) – *valor presente de uma série perpétua* –, estudada no Capítulo 3.

FLUXO FINANCEIRO – CENÁRIO ATUAL
VALORES EM (US$ MIL)

	2004	2005	2006	2007	2008	2009	2010 a 2014	Perpetuidade
Produção (em ton.)	0	80.000	160.000	200.000	200.000	200.000	200.000	
Vendas (em ton.)	0	69.000	138.000	172.500	172.500	172.500	172.500	
Preço de Venda/ton.	320	320	320	320	320	320	320	
(=) Rec. Líquida	0	22.080	44.160	55.200	55.200	55.200	55.200	
(–) Custos Diretos Produção	0	13.248	26.496	33.120	33.120	33.120	33.120	
(–) Custos Fixos Produção	0	1.056	1.056	1.056	1.056	1.056	1.056	
(=) Lucro Bruto	0	7.776	16.608	21.024	21.024	21.024	21.024	
(–) Desp. Gerais Variáveis	0	5.299	10.598	13.248	13.248	13.248	13.248	
(–) Desp. Gerais Fixas	0	828	828	828	828	828	828	
(–) Depreciação	0	1.488	1.488	1.488	1.488	1.488	1.488	
(–) Desp. Financeiras	0	1.430	1.430	1.073	715	358	0	
(=) Lucro antes IR	0	–1.269	2.264	4.387	4.745	5.102	5.460	
(–) Contr. Social	0	–102	181	351	380	408	437	
(–) Imposto de Renda	0	–292	521	1.009	1.091	1.173	1.256	
(=) Lucro após IR e CS	0	–876	1.562	3.027	3.274	3.520	3.767	
(+) Depreciação	0	1.488	1.488	1.488	1.488	1.488	1.488	
(–) Amortiz. do financt.	0	0	3.250	3.250	3.250	3.250	0	
Investimento	–20.800	–5.200	0	0	0	0	0	
Financiamento	13.000	0	0	0	0	0	0	
(=) Fluxo de Caixa	–7.800	–4.588	–200	1.265	1.512	1.758	5.255	31.354

Com base no fluxo de caixa resultante, calculamos a Taxa Interna de Retorno (TIR), expressão (47), e o Valor Presente Líquido (VPL), expressão (45), estudadas no Capítulo 6. Os resultados são os seguintes:

➥ *Fluxo de Caixa s/ Perpetuidade*:

TIR = 14,1% < 16,76% ∴ **TIR < TMA**

VPL = –1.667 < 0 ∴ **VPL negativo**

➥ *Fluxo de Caixa c/ Perpetuidade*:

TIR = 21,2% > 16,76% ∴ **TIR > TMA**

VPL = 4.035 > 0 ∴ **VPL positivo**

FLUXO FINANCEIRO – CENÁRIO C/ FRACO OTIMISMO
VALORES EM (US$ MIL)

	2004	2005	2006	2007	2008	2009	2010 a 2014	Perpe-tuidade
Produção (em ton.)	0	80.000	160.000	200.000	200.000	200.000	200.000	
Vendas (em ton.)	0	72.450	144.900	181.125	181.125	181.125	181.125	
Preço de Venda/ton.	332,80	332,80	332,80	332,80	332,80	332,80	332,80	
(=) Rec. Líquida	0	24.111	48.223	60.278	60.278	60.278	60.278	
(–) Custos Diretos Produção	0	14.467	28.934	36.167	36.167	36.167	36.167	
(–) Custos Fixos Produção	0	1.056	1.056	1.056	1.056	1.056	1.056	
(=) Lucro Bruto	0	8.589	18.233	23.055	23.055	23.055	23.055	
(–) Desp. Gerais Variáveis	0	5.787	11.573	14.467	14.467	14.467	14.467	
(–) Desp. Gerais Fixas	0	828	828	828	828	828	828	
(–) Depreciação	0	1.488	1.488	1.488	1.488	1.488	1.488	
(–) Desp. Financeiras	0	1.430	1.430	1.073	715	358	0	
(=) Lucro antes IR	0	–944	2.914	5.200	5.558	5.915	6.273	
(–) Contr. Social	0	–76	233	416	445	473	502	
(–) Imposto de Renda	0	–217	670	1.196	1.278	1.360	1.443	
(=) Lucro após IR e CS	0	–651	2.010	3.588	3.835	4.081	4.328	
(+) Depreciação	0	1.488	1.488	1.488	1.488	1.488	1.488	
(–) Amortiz. do financt.	0	0	3.250	3.250	3.250	3.250	0	
Investimento	–20.800	–5.200	0	0	0	0	0	
Financiamento	13.000	0	0	0	0	0	0	
(=) Fluxo de Caixa	–7.800	–4.363	248	1.826	2.073	2.319	5.816	34.702

Os resultados referentes à Taxa Interna de Retorno (TIR) e ao Valor Presente Líquido (VPL) são os seguintes:

➡ *Fluxo de Caixa s/ Perpetuidade*:

TIR = 17,7% > 16,76% ∴ **TIR > TMA**

VPL = 598 > 0 ∴ **VPL positivo**

➡ *Fluxo de Caixa c/ Perpetuidade*:

TIR = 24,3% > 16,76% ∴ **TIR > TMA**

VPL = 6.910 > 0 ∴ **VPL positivo**

Aplicação da Teoria: Estudo de Caso ▼ **141**

FLUXO FINANCEIRO – CENÁRIO C/ FRACO PESSIMISMO
VALORES EM (US$ MIL)

	2004	2005	2006	2007	2008	2009	2010 a 2014	Perpetuidade
Produção (em ton.)	0	80.000	160.000	200.000	200.000	200.000	200.000	
Vendas (em ton.)	0	65.550	131.100	163.875	163.875	163.875	163.875	
Preço de Venda/ton.	307,20	307,20	307,20	307,20	307,20	307,20	307,20	
(=) Rec. Líquida	0	20.137	40.274	50.342	50.342	50.342	50.342	
(–) Custos Diretos Produção	0	12.082	24.164	30.205	30.205	30.205	30.205	
(–) Custos Fixos Produção	0	1.056	1.056	1.056	1.056	1.056	1.056	
(=) Lucro Bruto	0	6.999	15.054	19.081	19.081	19.081	19.081	
(–) Desp. Gerais Variáveis	0	4.833	9.666	12.082	12.082	12.082	12.082	
(–) Desp. Gerais Fixas	0	828	828	828	828	828	828	
(–) Depreciação	0	1.488	1.488	1.488	1.488	1.488	1.488	
(–) Desp. Financeiras	0	1.430	1.430	1.073	715	358	0	
(=) Lucro antes IR	0	–1.580	1.642	3.610	3.968	4.325	4.683	
(–) Contr. Social	0	–126	131	289	317	346	375	
(–) Imposto de Renda	0	–363	378	830	913	995	1.077	
(=) Lucro após IR e CS	0	–1.090	1.133	2.491	2.738	2.984	3.231	
(+) Depreciação	0	1.488	1.488	1.488	1.488	1.488	1.488	
(–) Amortiz. do financt.	0	0	3.250	3.250	3.250	3.250	0	
Investimento	–20.800	–5.200	0	0	0	0	0	
Financiamento	13.000	0	0	0	0	0	0	
(=) Fluxo de Caixa	–7.800	–4.802	–629	729	976	1.222	4.719	28.156

Os resultados referentes à Taxa Interna de Retorno (TIR) e ao Valor Presente Líquido (VPL) são os seguintes:

➡ *Fluxo de Caixa s/ Perpetuidade*:

TIR = 10,5% < 16,76% ∴ **TIR** < **TMA**

VPL = –3.832 < 0 ∴ **VPL negativo**

➡ *Fluxo de Caixa c/ Perpetuidade*:

TIR = 18,2% > 16,76% ∴ **TIR** > **TMA**

VPL = 1.288 > 0 ∴ **VPL positivo**

FLUXO FINANCEIRO – CENÁRIO C/ MODERADO OTIMISMO VALORES EM (US$ MIL)

	2004	2005	2006	2007	2008	2009	2010 a 2014	Perpetuidade
Produção (em ton.)	0	80.000	160.000	200.000	200.000	200.000	200.000	
Vendas (em ton.)	0	75.900	151.800	189.750	189.750	189.750	189.750	
Preço de Venda/ton.	345,60	345,60	345,60	345,60	345,60	345,60	345,60	
(=) Rec. Líquida	0	26.231	52.462	65.578	65.578	65.578	65.578	
(–) Custos Diretos Produção	0	15.739	31.477	39.347	39.347	39.347	39.347	
(–) Custos Fixos Produção	0	1.056	1.056	1.056	1.056	1.056	1.056	
(=) Lucro Bruto	0	9.436	19.929	25.175	25.175	25.175	25.175	
(–) Desp. Gerais Variáveis	0	6.295	12.591	15.739	15.739	15.739	15.739	
(–) Desp. Gerais Fixas	0	828	828	828	828	828	828	
(–) Depreciação	0	1.488	1.488	1.488	1.488	1.488	1.488	
(–) Desp. Financeiras	0	1.430	1.430	1.073	715	358	0	
(=) Lucro antes IR	0	–605	3.592	6.047	6.405	6.762	7.120	
(–) Contr. Social	0	–48	287	484	512	541	570	
(–) Imposto de Renda	0	–139	826	1.391	1.473	1.555	1.638	
(=) Lucro após IR e CS	0	–417	2.478	4.173	4.420	4.666	4.913	
(+) Depreciação	0	1.488	1.488	1.488	1.488	1.488	1.488	
(–) Amortiz. do financt.	0	0	3.250	3.250	3.250	3.250	0	
Investimento	–20.800	–5.200	0	0	0	0	0	
Financiamento	13.000	0	0	0	0	0	0	
(=) Fluxo de Caixa	–7.800	–4.129	716	2.411	2.658	2.904	6.401	38.192

Os resultados referentes à Taxa Interna de Retorno (TIR) e ao Valor Presente Líquido (VPL) são os seguintes:

➡ *Fluxo de Caixa s/ Perpetuidade*:

TIR = 21,4% > 16,76% ∴ **TIR** > **TMA**

VPL = 2.961 > 0 ∴ **VPL positivo**

➡ *Fluxo de Caixa c/ Perpetuidade:*

TIR = 27,4% > 16,76% ∴ **TIR** > **TMA**

VPL = 9.907 > 0 ∴ **VPL positivo**

Aplicação da Teoria: Estudo de Caso ▼ **143**

FLUXO FINANCEIRO – CENÁRIO C/ MODERADO PESSIMISMO
VALORES EM (US$ MIL)

	2004	2005	2006	2007	2008	2009	2010 a 2014	Perpe- tuidade
Produção (em ton.)	0	80.000	160.000	200.000	200.000	200.000	200.000	
Vendas (em ton.)	0	62.100	124.200	155.250	155.250	155.250	155.250	
Preço de Venda/ton.	294,40	294,40	294,40	294,40	294,40	294,40	294,40	
(=) Rec. Líquida	0	18.282	36.564	45.706	45.706	45.706	45.706	
(–) Custos Diretos Produção	0	10.969	21.939	27.423	27.423	27.423	27.423	
(–) Custos Fixos Produção	0	1.056	1.056	1.056	1.056	1.056	1.056	
(=) Lucro Bruto	0	6.257	13.570	17.226	17.226	17.226	17.226	
(–) Desp. Gerais Variáveis	0	4.388	8.775	10.969	10.969	10.969	10.969	
(–) Desp. Gerais Fixas	0	828	828	828	828	828	828	
(–) Depreciação	0	1.488	1.488	1.488	1.488	1.488	1.488	
(–) Desp. Financeiras	0	1.430	1.430	1.073	715	358	0	
(=) Lucro antes IR	0	–1.877	1.048	2.868	3.226	3.583	3.941	
(–) Contr. Social	0	–150	84	229	258	287	315	
(–) Imposto de Renda	0	–432	241	660	742	824	906	
(=) Lucro após IR e CS	0	–1.295	723	1.979	2.226	2.472	2.719	
(+) Depreciação	0	1.488	1.488	1.488	1.488	1.488	1.488	
(–) Amortiz. do financt.	0	0	3.250	3.250	3.250	3.250	0	
Investimento	–20.800	–5.200	0	0	0	0	0	
Financiamento	13.000	0	0	0	0	0	0	
(=) Fluxo de Caixa	–7.800	–5.007	–1.039	217	464	710	4.207	25.101

Os resultados referentes à Taxa Interna de Retorno (TIR) e ao Valor Presente Líquido (VPL) são os seguintes:

➡ *Fluxo de Caixa s/ Perpetuidade*:

TIR = 6,9% < 16,76% ∴ **TIR** < **TMA**

VPL = –5.900 < 0 ∴ **VPL negativo**

➡ *Fluxo de Caixa c/ Perpetuidade*:

TIR = 15,2% < 16,76% ∴ **TIR** < **TMA**

VPL = –1.335 < 0 ∴ **VPL negativo**

144 ▼ Matemática para Empreendedores

FLUXO FINANCEIRO – CENÁRIO C/ FORTE OTIMISMO
VALORES EM (US$ MIL)

	2004	2005	2006	2007	2008	2009	2010 a 2014	Perpe-tuidade
Produção (em ton.)	0	80.000	160.000	200.000	200.000	200.000	200.000	
Vendas (em ton.)	0	79.350	158.700	198.375	198.375	198.375	198.375	
Preço de Venda/ton.	358,40	358,40	358,40	358,40	358,40	358,40	358,40	
(=) Rec. Líquida	0	28.439	56.878	71.098	71.098	71.098	71.098	
(–) Custos Diretos Produção	0	17.063	34.127	42.659	42.659	42.659	42.659	
(–) Custos Fixos Produção	0	1.056	1.056	1.056	1.056	1.056	1.056	
(=) Lucro Bruto	0	10.320	21.695	27.383	27.383	27.383	27.383	
(–) Desp. Gerais Variáveis	0	6.825	13.651	17.063	17.063	17.063	17.063	
(–) Desp. Gerais Fixas	0	828	828	828	828	828	828	
(–) Depreciação	0	1.488	1.488	1.488	1.488	1.488	1.488	
(–) Desp. Financeiras	0	1.430	1.430	1.073	715	358	0	
(=) Lucro antes IR	0	–252	4.298	6.931	7.289	7.646	8.004	
(–) Contr. Social	0	–20	344	554	583	612	640	
(–) Imposto de Renda	0	–58	989	1.594	1.676	1.758	1.841	
(=) Lucro após IR e CS	0	–174	2.966	4.782	5.029	5.275	5.522	
(+) Depreciação	0	1.488	1.488	1.488	1.488	1.488	1.488	
(–) Amortiz. do financt.	0	0	3.250	3.250	3.250	3.250	0	
Investimento	–20.800	–5.200	0	0	0	0	0	
Financiamento	13.000	0	0	0	0	0	0	
(=) Fluxo de Caixa	–7.800	–3.886	1.204	3.020	3.267	3.513	7.010	41.826

Os resultados referentes à Taxa Interna de Retorno (TIR) e ao Valor Presente Líquido (VPL) são os seguintes:

➡ *Fluxo de Caixa s/ Perpetuidade*:

TIR = 25,2% > 16,76% ∴ **TIR** > **TMA**

VPL = 5.421 > 0 ∴ **VPL positivo**

➡ *Fluxo de Caixa c/ Perpetuidade:*

TIR = 30,6% > 16,76% ∴ **TIR** > **TMA**

VPL = 13.028 > 0 ∴ **VPL positivo**

Aplicação da Teoria: Estudo de Caso ▼ **145**

FLUXO FINANCEIRO – CENÁRIO c/ FORTE PESSIMISMO
VALORES EM (US$ MIL)

	2004	2005	2006	2007	2008	2009	2010 a 2014	Perpe-tuidade
Produção (em ton.)	0	80.000	160.000	200.000	200.000	200.000	200.000	
Vendas (em ton.)	0	58.650	117.300	146.625	146.625	146.625	146.625	
Preço de Venda/ton.	281,60	281,60	281,60	281,60	281,60	281,60	281,60	
(=) Rec. Líquida	0	16.516	33.032	41.290	41.290	41.290	41.290	
(–) Custos Diretos Produção	0	9.910	19.819	24.774	24.774	24.774	24.774	
(–) Custos Fixos Produção	0	1.056	1.056	1.056	1.056	1.056	1.056	
(=) Lucro Bruto	0	5.550	12.157	15.460	15.460	15.460	15.460	
(–) Desp. Gerais Variáveis	0	3.964	7.928	9.910	9.910	9.910	9.910	
(–) Desp. Gerais Fixas	0	828	828	828	828	828	828	
(–) Depreciação	0	1.488	1.488	1.488	1.488	1.488	1.488	
(–) Desp. Financeiras	0	1.430	1.430	1.073	715	358	0	
(=) Lucro antes IR	0	–2.159	483	2.161	2.519	2.876	3.234	
(–) Contr. Social	0	–173	39	173	202	230	259	
(–) Imposto de Renda	0	–497	111	497	579	662	744	
(=) Lucro após IR e CS	0	–1.490	333	1.491	1.738	1.985	2.232	
(+) Depreciação	0	1.488	1.488	1.488	1.488	1.488	1.488	
(–) Amortiz. do financt.	0	0	3.250	3.250	3.250	3.250	0	
Investimento	–20.800	–5.200	0	0	0	0	0	
Financiamento	13.000	0	0	0	0	0	0	
(=) Fluxo de Caixa	**–7.800**	**–5.202**	**–1.429**	**–271**	**–24**	**223**	**3.720**	**22.196**

Os resultados referentes à Taxa Interna de Retorno (TIR) e ao Valor Presente Líquido (VPL) são os seguintes:

➡ *Fluxo de Caixa s/ Perpetuidade*:

TIR = 3,4% < 16,76% ∴ **TIR** < **TMA**

VPL = –7.869 < 0 ∴ **VPL negativo**

➡ *Fluxo de Caixa c/ Perpetuidade*:

TIR = 12,3% < 16,76% ∴ **TIR** < **TMA**

VPL = –3.832 < 0 ∴ **VPL negativo**

146 ▼ Matemática para Empreendedores

FLUXO FINANCEIRO – CENÁRIO HETERODOXO 1
VALORES EM (US$ MIL)

	2004	2005	2006	2007	2008	2009	2010 a 2014	Perpe-tuidade
Produção (em ton.)	0	80.000	160.000	200.000	200.000	200.000	200.000	
Vendas (em ton.)	0	20.000	30.000	50.000	50.000	50.000	50.000	
Preço de Venda/ton.	320	320	320	320	320	320	320	
(=) Rec. Líquida	0	6.400	9.600	16.000	16.000	16.000	16.000	
(–) Custos Diretos Produção	0	3.840	5.760	9.600	9.600	9.600	9.600	
(–) Custos Fixos Produção	0	1.056	1.056	1.056	1.056	1.056	1.056	
(=) Lucro Bruto	0	1.504	2.784	5.344	5.344	5.344	5.344	
(–) Desp. Gerais Variáveis	0	1.536	2.304	3.840	3.840	3.840	3.840	
(–) Desp. Gerais Fixas	0	828	828	828	828	828	828	
(–) Depreciação	0	1.488	1.488	1.488	1.488	1.488	1.488	
(–) Desp. Financeiras	0	1.430	1.430	1.073	715	358	0	
(=) Lucro antes IR	0	–3.778	–3.266	–1.885	–1.527	–1.170	–812	
(–) Contr. Social	0	–302	–261	–151	–122	–94	–65	
(–) Imposto de Renda	0	–869	–751	–434	–351	–269	–187	
(=) Lucro após IR e CS	0	–2.607	–2.254	–1.301	–1.054	–807	–560	
(+) Depreciação	0	1.488	1.488	1.488	1.488	1.488	1.488	
(–) Amortiz. do financt.	0	0	3.250	3.250	3.250	3.250	0	
Investimento	–20.800	–5.200	0	0	0	0	0	
Financiamento	13.000	0	0	0	0	0	0	
(=) Fluxo de Caixa	–7.800	–6.319	–4.016	–3.063	–2.816	–2.569	928	5.537

Os resultados referentes à Taxa Interna de Retorno (TIR) e ao Valor Presente Líquido (VPL) são os seguintes:

➡ *Fluxo de Caixa s/ Perpetuidade*:

TIR = –25% < 16,76% ∴ **TIR < TMA**

VPL = –19.405 < 0 ∴ **VPL negativo**

➡ *Fluxo de Caixa c/ Perpetuidade*:

TIR = –11,5% < 16,76% ∴ **TIR < TMA**

VPL = –18.398 < 0 ∴ **VPL negativo**

Aplicação da Teoria: Estudo de Caso ▼ **147**

FLUXO FINANCEIRO – CENÁRIO HETERODOXO 2
VALORES EM (US$ MIL)

	2004	2005	2006	2007	2008	2009	2010 a 2014	Perpe-tuidade
Produção (em ton.)	0	80.000	160.000	200.000	200.000	200.000	200.000	
Vendas (em ton.)	0	69.000	138.000	172.500	172.500	172.500	172.500	
Preço de Venda/ton.	50	100	150	150	150	150	150	
(=) Rec. Líquida	0	6.900	20.700	25.875	25.875	25.875	25.875	
(–) Custos Diretos Produção	0	4.140	12.420	15.525	15.525	15.525	15.525	
(–) Custos Fixos Produção	0	1.056	1.056	1.056	1.056	1.056	1.056	
(=) Lucro Bruto	0	1.704	7.224	9.294	9.294	9.294	9.294	
(–) Desp. Gerais Variáveis	0	1.656	4.968	6.210	6.210	6.210	6.210	
(–) Desp. Gerais Fixas	0	828	828	828	828	828	828	
(–) Depreciação	0	1.488	1.488	1.488	1.488	1.488	1.488	
(–) Desp. Financeiras	0	1.430	1.430	1.073	715	358	0	
(=) Lucro antes IR	0	–3.698	–1.490	–305	53	410	768	
(–) Contr. Social	0	–296	–119	–24	4	33	61	
(–) Imposto de Renda	0	–851	–343	–70	12	94	177	
(=) Lucro após IR e CS	0	–2.552	–1.028	–210	37	283	530	
(+) Depreciação	0	1.488	1.488	1.488	1.488	1.488	1.488	
(–) Amortiz. do financt.	0	0	3.250	3.250	3.250	3.250	0	
Investimento	–20.800	–5.200	0	0	0	0	0	
Financiamento	13.000	0	0	0	0	0	0	
(=) Fluxo de Caixa	–7.800	–6.264	–2.790	–1.972	–1.725	–1.479	2.018	12.040

Os resultados referentes à Taxa Interna de Retorno (TIR) e ao Valor Presente Líquido (VPL), são os seguintes:

➡ *Fluxo de Caixa s/ Perpetuidade*:

TIR = –11,3% < 16,76% ∴ **TIR** < **TMA**

VPL = –15.068 < 0 ∴ **VPL negativo**

➡ *Fluxo de Caixa c/ Perpetuidade*:

TIR = 0,1% < 16,76% ∴ **TIR** < **TMA**

VPL = –12.878 < 0 ∴ **VPL negativo**

7.5 Avaliação do Investimento em Condições de Incerteza

Com o objetivo de otimizar a análise da viabilidade econômica do Estudo de Caso em questão e levando-se em conta de maneira mais preponderante o fator risco, lançaremos mão do método dos cenários abordado no Capítulo 5.

O método dos cenários pressupõe a possibilidade da elaboração de um fluxo de caixa determinístico para o projeto de investimentos, bem como a associação de uma probabilidade a cada um dos cenários previstos para o desenvolvimento do projeto. Essa metodologia será desenvolvida sob a perspectiva de duas variáveis meta – a taxa interna de retorno (TIR) e o valor presente líquido (VPL) – inerentes aos fluxos de caixa do projeto de investimento avaliado. As distribuições de probabilidades, as médias e os desvios-padrão dessas variáveis aleatórias servirão de base para a tomada de decisão com relação ao investimento em questão. Posto isto, partiremos da premissa de que cada situação descrita será passível das seguintes probabilidades de ocorrência:

CENÁRIO	PROBABILIDADE DE OCORRÊNCIA
Forte Otimismo	20,00%
Moderado Otimismo	15,00%
Fraco Otimismo	10,00%
Atual	48,00%
Fraco Pessimismo	3,00%
Moderado Pessimismo	2,00%
Forte Pessimismo	1,00%
Heterodoxo 1	0,50%
Heterodoxo 2	0,50%

Definida a distribuição de probabilidades, calcularemos a média e o desvio-padrão da TIR e do VPL dos fluxos de caixa dos projetos, levando-se em conta, além dos cenários estimados, a probabilidade de ocorrência de cada um deles. Ressaltamos que esses parâmetros serão calculados em relação aos fluxos de caixa **sem** perpetuidade e **com** perpetuidade.

Para a realização do cálculo da média (μ) e do desvio-padrão (σ), utilizaremos, respectivamente, as expressões (36) e (38), examinadas no Capítulo 4, as quais ficariam assim explicitadas:

$$\mu = E(TIR) = \sum_{J=1}^{n} TIR_j \cdot P(TIR_j)$$

$$\sigma = \sqrt{\sum_{i=1}^{n} (TIR_j - \mu_{TIR})^2 \cdot P(TIR_j)}$$

$$\mu = E(VPL) \sum_{J=1}^{n} VPL_j \cdot P(VPL_j)$$

$$\sigma = \sqrt{\sum_{J=1}^{n} (VPL_j - \mu_{VPL})^2 \cdot P(VPL_j)}$$

Assim temos:

Sem Perpetuidade

PARÂMETRO: TIR

CENÁRIO	PROB.	VALOR	TIR . P(TIR)	(TIR)² . P(TIR)
Forte Otimismo	20,00%	25,2	5,0400	0,012701
Moderado Otimismo	15,00%	21,4	3,2100	0,006869
Fraco Otimismo	10,00%	17,7	1,7700	0,003133
Atual	48,00%	14,1	6,7680	0,009543
Fraco Pessimismo	3,00%	10,5	0,3150	0,000331
Moderado Pessimismo	2,00%	6,9	0,1380	0,000095
Forte Pessimismo	1,00%	3,4	0,0340	0,000012
Heterodoxo 1	0,50%	−25,0	−0,1250	0,000313
Heterodoxo 2	0,50%	−11,3	−0,0565	0,000064
SOMA	**100,00%**	**MÉDIA**	**17,09%**	**0,033060**
				Desvio-Padrão 6,20%

PARÂMETRO: VPL (US$ MIL)

CENÁRIO	PROB.	VALOR	VPL . P(VPL)	(VPL)² . P(VPL)
Forte Otimismo	20,00%	5.421	1084,2000	5877448
Moderado Otimismo	15,00%	2.961	444,1500	1315128
Fraco Otimismo	10,00%	598	59,8000	35760
Atual	48,00%	-1.667	-800,1600	1333867
Fraco Pessimismo	3,00%	-3.832	-114,9600	440527
Moderado Pessimismo	2,00%	-5.900	-118,0000	696200
Forte Pessimismo	1,00%	-7.869	-78,6900	619212
Heterodoxo 1	0,50%	-19.405	-97,0250	1882770
Heterodoxo 2	0,50%	-15.068	-75,3400	1135223
SOMA	**100,00%**	**MÉDIA**	**303,98**	**13336135**
			Desvio-Padrão	
			3.639,19	

Com Perpetuidade

PARÂMETRO: TIR

CENÁRIO	PROB.	VALOR	TIR . P(TIR)	(TIR)² . P(TIR)
Forte Otimismo	20,00%	30,6	6,1200	0,018727
Moderado Otimismo	15,00%	27,4	4,1100	0,011261
Fraco Otimismo	10,00%	24,3	2,4300	0,005905
Atual	48,00%	21,2	10,1760	0,021573
Fraco Pessimismo	3,00%	18,2	0,5460	0,000994
Moderado Pessimismo	2,00%	15,2	0,3040	0,000462
Forte Pessimismo	1,00%	12,3	0,1230	0,000151
Heterodoxo 1	0,50%	-11,5	-0,0575	0,000066
Heterodoxo 2	0,50%	0,1	0,0005	0,000000
SOMA	**100,00%**	**MÉDIA**	**23,75%**	**0,059140**
			Desvio-Padrão	
			5,22%	

PARÂMETRO: VPL (US$ MIL)

CENÁRIO	PROB.	VALOR	VPL . P(VPL)	(VPL)² . P(VPL)
Forte Otimismo	20,00%	13.028	2605,6000	33945757
Moderado Otimismo	15,00%	9.907	1486,0500	14722297
Fraco Otimismo	10,00%	6.910	691,0000	4774810
Atual	48,00%	4.035	1936,8000	7814988
Fraco Pessimismo	3,00%	1.288	38,6400	49768
Moderado Pessimismo	2,00%	−1.335	−26,7000	35645
Forte Pessimismo	1,00%	−3.832	−38,3200	146842
Heterodoxo 1	0,50%	−18.398	−91,9900	1692432
Heterodoxo 2	0,50%	−12.878	−64,3900	829214
SOMA	**100,00%**	**MÉDIA**	**6.536,69**	**64011754**

Desvio-Padrão
4.613,40

7.6 Análise Estatística dos Resultados

Para que possamos proceder à análise estatística dos resultados, vamos admitir que os dados estejam normalmente distribuídos. Assim, examinaremos a probabilidade de a Taxa Interna de Retorno (TIR) ser igual ou superior à Taxa Mínima de Atratividade (TMA) e a probabilidade do Valor Presente Líquido (VPL) ser nulo ou positivo.

Utilizaremos os parâmetros estatísticos: média, desvio-padrão e a expressão (39), estudada no Capítulo 4, para a distribuição normal não padronizada.

1º CASO ⇒ Fluxo de Caixa s/ Perpetuidade:

➥ **Hipótese A: P(TIR $\geq$ TMA) $\Leftrightarrow$ P(x $\geq$ 16,76)**

Dados:

TMA $= 16,76\%$

$\mu_{TIR} = 17,09\%$

$\sigma_{TIR} = 6,20\%$

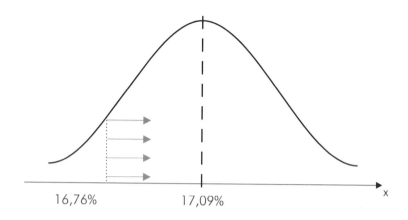

$$Z = \frac{x - \mu}{\sigma} \Rightarrow Z = \frac{16{,}76 - 17{,}09}{6{,}20} = -0{,}05$$

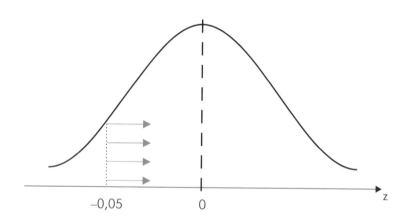

$P[(x \geq 16{,}76)] = P[(z \geq -0{,}05)] = P[(-0{,}05 \leq z \leq 0)] + P[(z \geq 0)]$

$P[(x \geq 16{,}76)] = 0{,}0199 + 0{,}5000 = 0{,}5199$ ou **51,99%**

➥ **Hipótese B: P(VPL $\geq$ 0) $\Leftrightarrow$ P(x $\geq$ 0)**

Dados:

$\mu_{VPL} = 303{,}98$

$\sigma_{VPL} = 3.639{,}19$

Aplicação da Teoria: Estudo de Caso ▼ 153

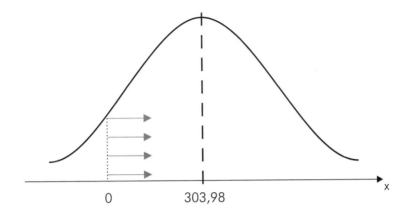

$$Z = \frac{x - \mu}{\sigma} \Rightarrow Z = \frac{0 - 303{,}98}{3.639{,}19} = -0{,}08$$

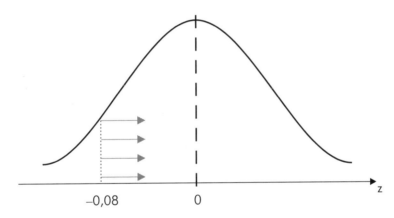

P[(x ≥ 0)] = P[(z ≥ –0,08)] = P[(–0,08 ≤ z ≤ 0)] + P[(z ≥ 0)]

P[(x ≥ 0)] = 0,0319 + 0,5000 = 0,5319 ou 53,19%

2º CASO ⇒ Fluxo de Caixa c/ Perpetuidade:

➥ **Hipótese A: P(TIR ≥ TMA) ⇔ P(x ≥ 16,76)**

Dados:

TMA = 16,76%

μ_{TIR} = 23,75%

σ_{TIR} = 5,22%

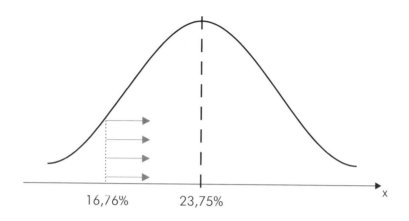

$$Z = \frac{x - \mu}{\sigma} \Rightarrow Z = \frac{16{,}76 - 23{,}75}{5{,}22} = -1{,}34$$

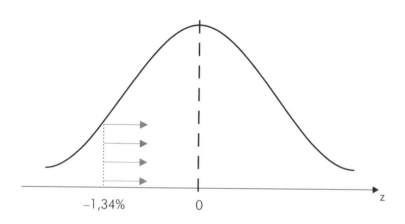

P[(x ≥ 16,76)] = P[(z ≥ −1,34)] = P[(−1,34 ≤ z ≤ 0)] + P[(z ≥ 0)]

P[(x ≥ 16,76)] = 0,4099 + 0,5000 = 0,9099 ou 90,99%

➥ **Hipótese B: P(VPL ≥ 0) ⇔ P(x ≥ 0)**

Dados:

$\mu_{VPL} = 6.536{,}69$

$\sigma_{VPL} = 4.613{,}40$

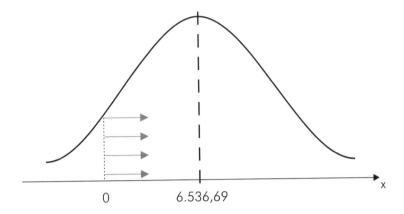

$$Z = \frac{x - \mu}{\sigma} \Rightarrow Z = \frac{0 - 6.536,69}{4.613,40} = -1,42$$

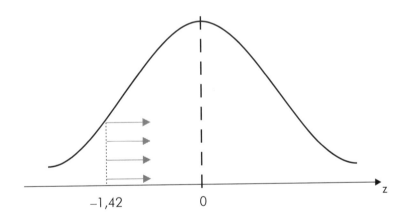

P[(x ≥ 0)] = P[(z ≥ −1,42)] = P[(−1,42 ≤ z ≤ 0)] + P[(z ≥ 0)]

P[(x ≥ 0)] = 0,4222 + 0,5000 = 0,9222 ou **92,22%**

7.6.1 Cenário Otimista

Queremos investigar, agora, qual é a probabilidade de encontrarmos uma taxa interna de retorno que esteja entre a média extraída das TIRs relativas aos três níveis do cenário otimista – *forte, mo-*

derado e *fraco* – (21,40%) e a Taxa Mínima de Atratividade (TMA) (16,76%), considerando-se a distribuição de probabilidades com e sem perpetuidade.

➥ **S/ Perpetuidade:** $P(TMA \leq x \leq TIR_{média}) \Leftrightarrow P(16,76 \leq x \leq 21,4)$

Dados:

TMA = 16,76%

μ_{TIR} = 17,09%

σ_{TIR} = 6,20%

$TIR_{média}$ = 21,40%

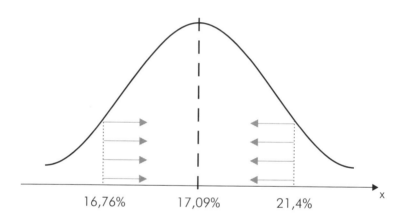

$Z_1 = \dfrac{x - \mu}{\sigma} \Rightarrow Z_1 = \dfrac{16,76 - 17,09}{6,20} = -0,05$

$Z_2 = \dfrac{x - \mu}{\sigma} \Rightarrow Z_2 = \dfrac{21,4 - 17,09}{6,20} = -0,69$

$P(16,76 \leq x \leq 21,4) = P(-0,05 \leq z \leq 0,69)$

$P(16,76 \leq x \leq 21,4) = P(-0,05 \leq z \leq 0) + P(0 \leq z \leq 0,69)$

$P(16,76 \leq x \leq 21,4) = 0,0199 + 0,2549 = 0,2748$ ou **27,48%**

↳ **C/Perpetuidade:** $P(TMA \leq x \leq TIR_{média}) \Leftrightarrow P(16,76 \leq x \leq 27,4)$

Dados:

TMA = 16,76%
μ_{TIR} = 23,75%
σ_{TIR} = 5,22%
$TIR_{média}$ = 27,40%

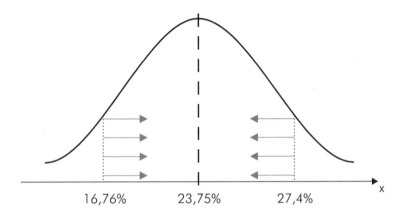

$$Z_1 = \frac{x - \mu}{\sigma} \Rightarrow Z_1 = \frac{16,76 - 23,75}{5,22} = -1,34$$

$$Z_2 = \frac{x - \mu}{\sigma} \Rightarrow Z_2 = \frac{27,4 - 23,75}{5,22} = 0,69$$

$P(16,76 \leq x \leq 27,4)$ = $P(-1,34 \leq z \leq 0,69)$

$P(16,76 \leq x \leq 27,4)$ = $P(-1,34 \leq z \leq 0) + P(0 \leq z \leq 0,69)$

$P(16,76 \leq x \leq 27,4)$ = 0,4099 + 0,2549 = 0,6648 ou 66,48%

7.6.2 Cenário Atual

Quando consideramos o fluxo de caixa s/ perpetuidade, a TIR (14,1%) é menor do que a TMA (16,76%), com conseqüente VPL negativo (–1.667) inviabilizando, desse modo, o projeto. Ao exami-

158 ▼ Matemática para Empreendedores

narmos o fluxo considerando a perpetuidade, constatamos uma TIR de 21,2% e um VPL de US$ 4.035 mil, ou seja, do ponto de vista da TMA o projeto é aceitável.

7.6.3 Cenário Pessimista

Os três níveis do cenário pessimista (*fraco*, *moderado* e *forte*), quando considerada a não-perpetuidade, apresentam taxas internas de retorno abaixo da TMA, com conseqüentes VPLs negativos. Ao levar-se em conta a perpetuidade, verificamos que só a característica fraco pessimismo apresenta TIR > TMA, com conseqüente VPL positivo.

7.6.4 Cenários Heterodoxos

Para ilustrar os conceitos vistos no Capítulo 5 sobre risco sistemático (conjuntural) e risco não sistemático (próprio), projetamos os fluxos de caixa ditos heterodoxos. À luz das hipóteses assumidas, os fluxos com e sem perpetuidade ficaram enviáveis, apresentando, na média, taxa interna de retorno e valor presente líquido negativos (TIR = –18,2% a.a. e VPL = US$ Mil –17.236 s/ perpetuidade) e (TIR = –5,7% a.a. e VPL = US$ Mil –15.638 c/ perpetuidade).

Finalizando, é importante destacar que a própria distribuição de probabilidades estimada para cada cenário se reveste de incerteza, na medida em que ela será efetivamente verificável no futuro.

7.7 Considerações Finais

Este livro teve como principal objetivo a análise da viabilidade econômica de investimentos em condições de incerteza, e, para isso, utilizamos os principais conceitos de Matemática Financeira, Estatística e Engenharia Econômica.

Apresentamos um caso prático dentro de um contexto mercadológico e econômico atual, ilustrando, dessa maneira, a teoria apresentada. Destacamos que o exame acadêmico e tradicional, em relação ao trato das variáveis financeiras determinísticas, mostra-se insuficiente diante da atual conjuntura econômica, repleta de riscos e incertezas característicos de um mundo cunhado pela marca da globalização. Dentro desse espírito, o empreendedor moderno necessita ter uma postura mais pragmática e realista na condução da empresa e dos negócios em geral.

Capítulo 8

EPÍLOGO

No desenvolvimento deste livro, tivemos oportunidade de ter contato, através da leitura e da pesquisa, com novas idéias, teorias e posições sobre a questão do papel do gestor na administração financeira dos negócios. Acreditamos que este estudo tenha contribuído, de maneira inexorável, para melhor compreensão do momento econômico atual, o qual se apresenta mais globalizado, internacionalizado e, sobretudo, competitivo. Fica claro que o perfil do administrador contemporâneo, sob a égide empreendedorial, deve pautar-se por uma postura mais arrojada e mais agressiva, porém não menos cuidadosa e competente. Assim sendo, e de modo intencional, gostaríamos de deixar registrados fragmentos de textos de alguns autores pesquisados para uma última reflexão.

Brealey e Myers relatam: "Podem existir algumas atividades para as quais seja suficiente ler um manual e passar de imediato à prática, mas a gestão financeira não é uma delas. Eis porque é gratificante o estudo deste tema".

Securato evidencia: "Na realidade, o ato de decidir é, a nosso ver, a mais importante função do Administrador e a que envolve a maior relação custo-benefício, quando se trata do Administrador Financeiro".

Mirshawka ressalta: "É vital planejar para um amanhã não muito distante, moldado no que podemos, queremos e fazemos hoje".

Solomon e Pringle destacam: "Quase todas as decisões empresariais exigem que encaremos o futuro, e por isso envolvem incerteza de um modo ou de outro. Resolver os problemas criados pela incerteza é uma das principais preocupações do administrador financeiro".

Bernstein enaltece o estudo do risco dizendo que as pessoas que se ocupam dessas questões "ajudam a descobrir os métodos de pôr o futuro a serviço do presente, substituindo a impotência diante do destino pela escolha e decisão".

Finalmente, observamos que existe um campo enorme tanto para o estudo quanto para a pesquisa deste apaixonante tema expresso nas palavras de Hélio de Paula Leite, quando diz: "A quantificação da variável risco é um assunto bastante amplo e polêmico. Certamente, este não é um tema que possa ser considerado satisfatoriamente concluído pelo atual estágio da Teoria das Finanças".

BIBLIOGRAFIA

ANDERSON, David R., SWEENEY, Dennis J., e WILLIAMS, Thomas A. *Estatística Aplicada a Administração e Economia*. Pioneira, 2000.

BERNSTEIN, Peter L. *Desafio aos Deuses – A Fascinante História do Risco*. 2ª edição. Campus, 1997.

BRUNI, Adriano Leal e FAMA, Rubens. *Matemática Financeira com HP 12 C e Excel*. Atlas, 2002.

CHÉR, Rogério. *O Meu Próprio Negócio*. Editora Negócio, 2002.

CHRISTENSEN, Clayton M. *O Dilema da Inovação*. Makron Books, 2001.

DAMODARAN, Aswath. *Finanças Corporativas*. 2ª edição. Bookman, 2004.

FREUND, Jonh E., e SIMON, Gary A. *Estatística Aplicada*. 9ª edição. Bookman, 2002.

GITMAN, Lawrence J. *Princípios de Administração Financeira*. 7ª edição. Harbra, 1997.

HELFERT, Erich A. *Técnica de Analise Financeira*. 9ª edição. Bookman, 2000.

LEITHOLD, Louis. *Matemática Aplicada a Economia e Administração*. Harbra, 2001.

LEVIN, Jack e FOX, James Alan. *Estatística para Ciências Humanas.*, 9ª edição. Pearson Education, 2004

MIRSHAWKA, Victor e MIRSHAWKA JR.,Victor. *Gestão Criativa*. DVS Editora, 2003

MORETTIN, Pedro e BUSSAB, Wilton. *Estatística Básica*. 5ª edição. Saraiva, 2002.

MORETTIN, Pedro. *Estatística Básica – Probabilidade*. 7ª edição. Saraiva, 1999.

NEUFELD, John L. *Estatística Aplicada a Administração*. Prentice Hall, 2003

PILAO, Nivaldo Elias e HUMMEL, Paulo Roberto Vampre. *Matemática Financeira e Engenharia Econômica*. Thomson, 2003

PUCCINI, Abelardo de Lima. *Matemática Financeira*. 5ª edição. Saraiva, 1998.

ROBBINS, Stephen P. *Fundamentos de Administração*. 4ª edição. Prentice Hall, 2004.

RUSSO, J. Edward e SCHOEMAKER, Paul J. H. *Tomada de Decisões*. Saraiva, 1993.

SAMANEZ, Carlos Patrício. *Matemática Financeira – Aplicação à Análise de Investimentos*. Makron Books, 1995.

SANVICENTE, Antônio Zoratto. *Administração Financeira*. 3ª edição. Atlas, 1988.

SECURATO, José Roberto & Equipe / Professores MBA-USP. *Cálculo Financeiro das Tesourarias*. Saint Paul Institute of Finance, 1999.

SECURATO, José Roberto. *Decisões Financeiras em Condições de Risco*. Atlas, 1993.

SIMON, Carl P. e SBLUME, Lawrence. *Matemática para Economistas*. Bookman, 2004.

STEVENSON, William J. *Estatística Aplicada A Administração*. Harbra, 2001

STOCK, James H. e SWATSON, Mark W. *Econometria*. Pearson Education, 2004.

TEIXEIRA, James e DI PIERRO NETO, Scipione, *Matemática Financeira*, Makron Books, 1998.

VIEIRA SOBRINHO, José Dutra. *Matemática Financeira*. 6ª edição. Atlas, 1997.

VIEIRA, Sonia. *Estatística para a Qualidade*. Campus, 1999

WEBER, Jean E. *Matemática para Economia e Administração*. Harbra, 2001.

WOILER, Samsão e MATHIAS, Washington Franco. *Projetos – Planejamento, Elaboração e Análise*. Atlas, 1994.